열려라 역사 논술

생각이 술술 논술왕 ❶

열려라 역사 논술

1판 1쇄 발행 2025년 12월 30일

글쓴이 윤지선, 김선, 정예슬, 김서인
그린이 이진성

편집 허현정
디자인 박영정

펴낸이 이경민
펴낸곳 ㈜동아엠앤비
출판등록 2014년 3월 28일(제25100-2014-000025호)
주소 (03972) 서울특별시 마포구 월드컵북로22길 21, 2층
홈페이지 www.moongchibooks.com
전화 (편집) 02-392-6901 (마케팅) 02-392-6900
팩스 02-392-6902
SNS
전자우편 damnb0401@naver.com

ISBN 979-11-6363-867-4 (74700)
979-11-6363-685-4 (세트)

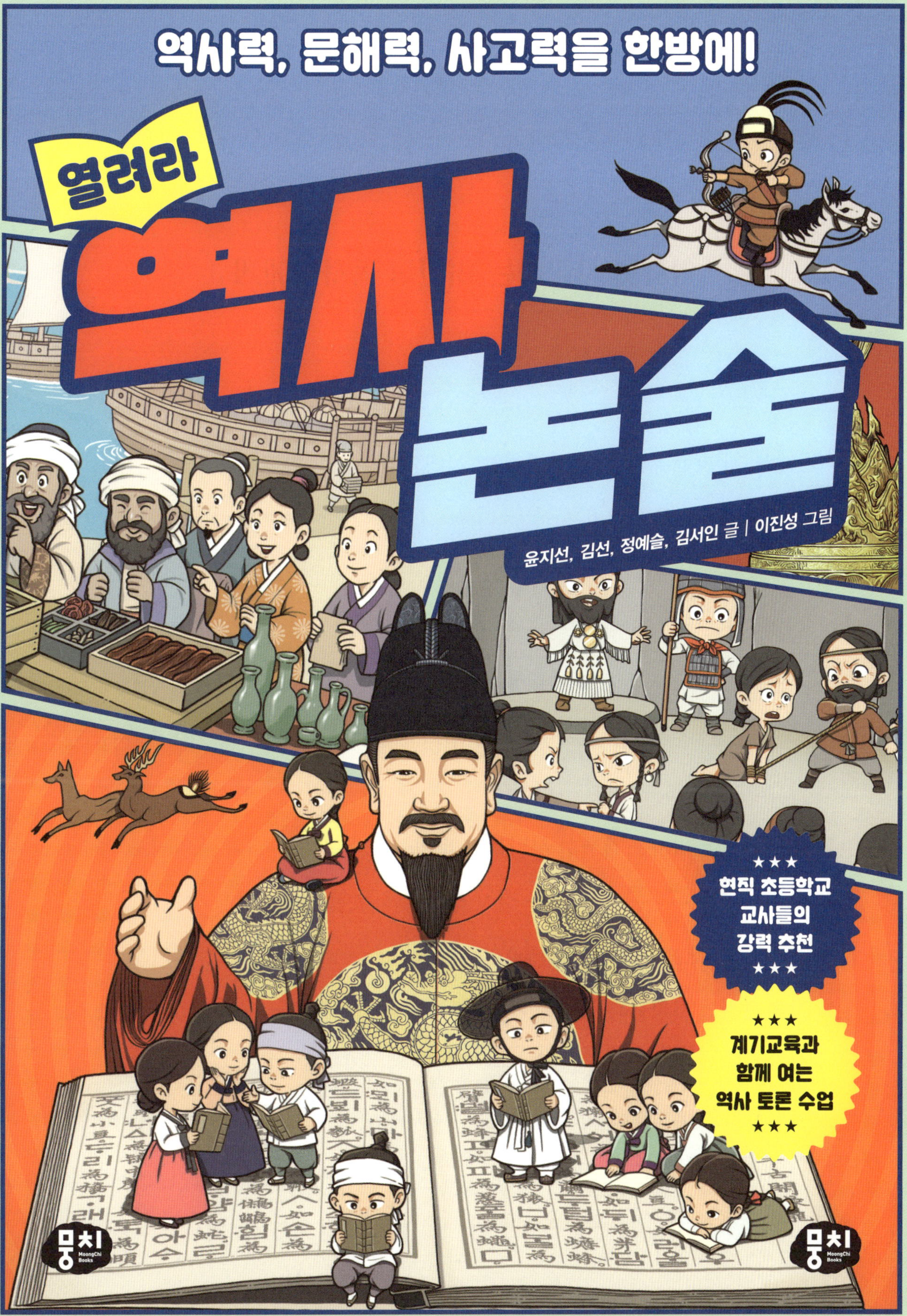
역사력, 문해력, 사고력을 한방에!
열려라
역사 논술
윤지선, 김선, 정예슬, 김서인 글 | 이진성 그림
★★★
현직 초등학교
교사들의
강력 추천
★★★
★★★
계기교육과
함께 여는
역사 토론 수업
★★★
뭉치
MoongChi Books
뭉치
MoongChi Books

역사를 사랑하는 어린이 독자들에게

우리가 '역사'라고 부르는 것은 아주 먼 시대의 이야기가 아니에요. 역사는 외워야 하는 숫자거나 재미없는 어려운 일들이 아닌, 인간의 모든 순간이 차곡차곡 쌓여 만들어진 삶의 기록이에요.

여러분이 학교에서 공부하고 친구를 만나 놀던 것, 문구점에서 친구의 생일 선물을 고르는 순간, 가족과 함께 떠났던 여행도 시간이 흐르면 그 시대 어린이들이 어떻게 살았는지 알려 주는 역사가 될 거예요. 믿기 어렵다고요? 그럴 수 있어요. 지금은 너무 익숙하고 평범해 보이지만 미래의 누군가는 여러분의 하루에서 배움과 용기를 얻을지도 몰라요. 역사는 특별한 사람들만의 이야기가 아니며, 그래서 억지로 '공부'해야 하는 대상도 아니에요. 현재를 살아가는 우리 모두에게 깨달음과 가르침을 주는, 우리 모두의 삶 그 자체이기 때문이지요.

이 책은 오래전 사람들과 사건을 단순히 나열하는 데 목적을 두지 않았어요. 그 시대의 사람들은 무엇을 꿈꾸었고 왜 그런 선택을 했는지, 그리고 그 결정이 어떤 변화를 만들었는지를 여러분이 이해할 수 있도록 담아냈어요. 옛날 사람들은 지금과는 다른 세계에서 살았지만 마음속의 희망과 두려움, 행복과 고민은 오늘의 우리와 크게 다르지 않았을 거예요. 이 책을 읽으며 역사 속에 풍덩 빠질 때, 역사는 꿈틀꿈틀

움직이기 시작할 거예요. 이 책을 통해 옛사람들의 삶을 엿보고 그들의 눈부신 용기에 감탄하고 실수에 마음 아파하며 깊은 배움을 발견하길 바랍니다.

이 책은 개념 이해, 생각 톡톡, 심화 탐구, 논리적 글쓰기, 내가 토론왕 등의 재미있는 코너로 구성되어 있어요. 이 책을 열심히 읽는다면 분명 역사와 문해력, 토론 실력까지 한 번에 잡을 수 있을 거예요. 선생님들의 응원이 함께한다면 가능하겠지요?

『열려야 역사 논술』을 통해 여러분이 과거를 더 깊이 이해하고, 현재를 가치 있게 살며, 미래를 넓은 시선으로 바라보는 어린이로 건강하게 자라길 바랍니다.

자! 『열려야 역사 논술』과 함께 의미 있는 하루를 만들 준비가 되었나요? 어린이를 사랑하고, 어린이들이 역사를 사랑하길 바라는 선생님들이 여러분을 힘차게 응원할게요.

윤지선, 김선, 정예슬, 김서인

이 책의 구성과 특징

이 책은 고조선부터 현대사까지, 초등학생이라면 꼭 알아야 할 핵심 사건과 국가유산, 인물들을 쉽고 흥미롭게 소개합니다. 계기교육에 따라 정리된 역사 흐름을 따라가며 아이들은 자연스럽게 역사적 맥락을 이해하고, 그 의미를 바탕으로 논리적으로 글 쓰는 힘을 기를 수 있습니다.

1 열두 달, 36개 주제 학습

계기교육 흐름에 맞춰 역사적 사건, 국가유산, 인물 등을 36개 주제로 정리했습니다.

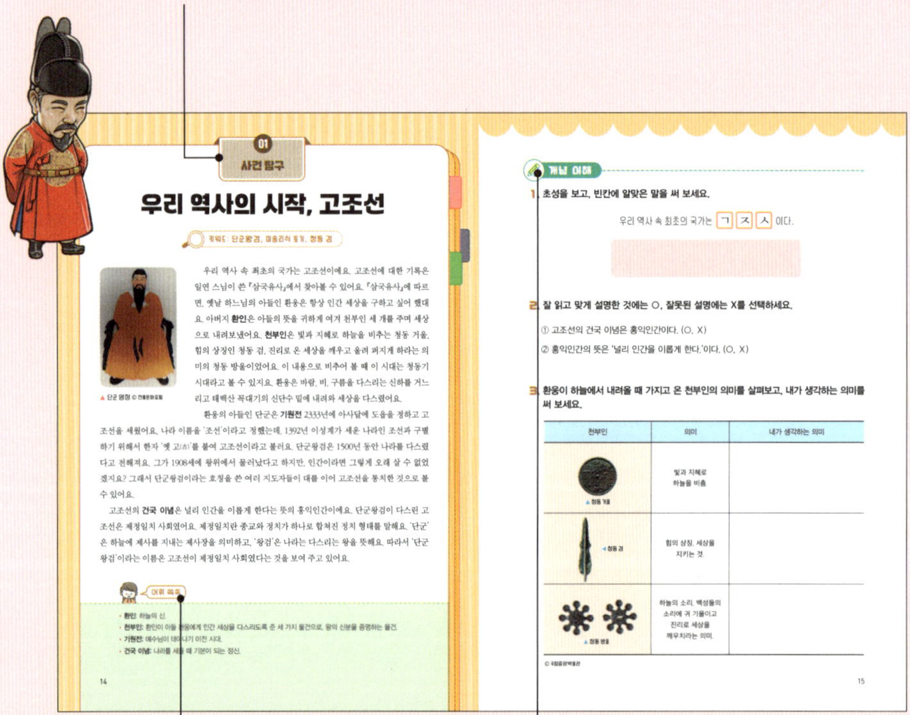

01 사건 탐구

우리 역사의 시작, 고조선

키워드: 단군왕검, 미송리식 토기, 청동 검

▲ 단군 영정

우리 역사 속 최초의 국가는 고조선이에요. 고조선에 대한 기록은 일연 스님이 쓴 『삼국유사』에서 찾아볼 수 있어요. 『삼국유사』에 따르면, 옛날 하느님의 아들인 환웅은 항상 인간 세상을 구하고 싶어 했대요. 아버지 **환인**은 아들의 뜻을 귀하게 여겨 천부인 세 개를 주며 세상으로 내려보냈어요. **천부인**은 빛과 지혜로 하늘을 비추는 청동 거울, 힘의 상징인 청동 검, 진리로 온 세상을 깨우고 울려 퍼지게 하라는 의미의 청동 방울이었어요. 이 내용으로 비추어 볼 때 이 시대는 청동기 시대라고 볼 수 있지요. 환웅은 바람, 비, 구름을 다스리는 신하를 거느리고 태백산 꼭대기의 신단수 밑에 내려와 세상을 다스렸어요.

환웅의 아들인 단군은 **기원전** 2333년에 아사달에 도읍을 정하고 고조선을 세웠어요. 나라 이름을 '조선'이라고 정했는데, 1392년 이성계가 세운 나라인 조선과 구별하기 위해서 한자 '옛 고(古)'를 붙여 고조선이라고 불러요. 단군왕검은 1500년 동안 나라를 다스렸다고 전해져요. 그가 1908세에 왕위에서 물러났다고 하지만, 인간이라면 그렇게 오래 살 수 없었겠지요? 그래서 단군왕검이라는 호칭을 쓴 여러 지도자들이 대를 이어 고조선을 통치한 것으로 볼 수 있어요.

고조선의 **건국 이념**은 널리 인간을 이롭게 한다는 뜻의 홍익인간이에요. 단군왕검이 다스린 고조선은 제정일치 사회였어요. 제정일치란 종교와 정치가 하나로 합쳐진 정치 형태를 말해요. '단군'은 하늘에 제사를 지내는 제사장을 의미하고, '왕검'은 나라는 다스리는 왕을 뜻해요. 따라서 '단군왕검'이라는 이름은 고조선이 제정일치 사회였다는 것을 보여 주고 있어요.

어휘 쏙쏙

- **환인:** 하늘의 신.
- **천부인:** 환인이 아들 환웅에게 인간 세상을 다스리도록 준 세 가지 물건으로, 왕의 신분을 증명하는 물건.
- **기원전:** 예수님이 태어나기 이전 시대.
- **건국 이념:** 나라를 세울 때 기본이 되는 정신.

14

개념 이해

1. 초성을 보고, 빈칸에 알맞은 말을 써 보세요.

우리 역사 속 최초의 국가는 ㄱ ㅈ ㅅ 이다.

2. 잘 읽고 맞게 설명한 것에는 O, 잘못된 설명에는 X를 선택하세요.

① 고조선의 건국 이념은 홍익인간이다. (O, X)

② 홍익인간의 뜻은 '널리 인간을 이롭게 한다.'이다. (O, X)

3. 환웅이 하늘에서 내려올 때 가지고 온 천부인의 의미를 살펴보고, 내가 생각하는 의미를 써 보세요.

천부인	의미	내가 생각하는 의미
▲ 청동 거울	빛과 지혜로 하늘을 비춤.	
◀ 청동 검	힘의 상징. 세상을 지키는 것.	
▲ 청동 방울	하늘의 소리, 백성들의 소리에 귀 기울이고 진리로 세상을 깨우치라는 의미.	

© 국립중앙박물관

15

2 어휘 쏙쏙

초등학생이라면 꼭 알아야 할 어휘의 뜻을 쉽고 정확하게 소개했습니다.

3 개념 이해

- 글의 핵심 내용을 파악하고, 배운 내용을 다양한 문제로 확인합니다.
- 초성 퀴즈, OX 퀴즈, 선 긋기 등 여러 형태의 문제를 통해 학습 내용을 재미있게 복습할 수 있습니다.

4 생각 톡톡

대화형 지문을 넣어 아이들이 스스로 생각을 넓힐 수 있도록 구성했습니다.

6 내가 토론왕

신호등 토론, 점찍기 토론, 가치 수직선 토론 등 학교에서 쉽게 접하기 어려운 토론 방법을 활용해 스스로 생각을 정리하고 토론하는 힘을 기를 수 있습니다.

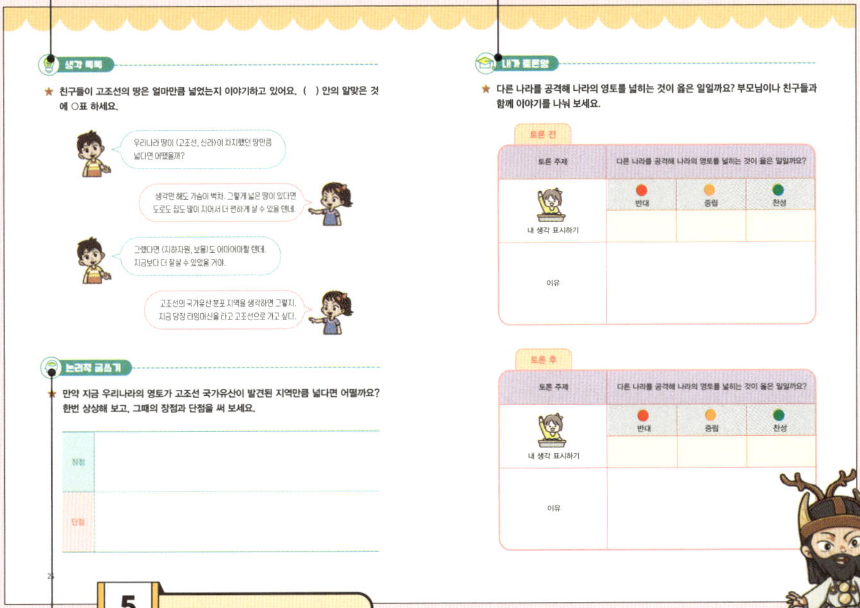

생각 톡톡

★ 친구들이 고조선의 땅은 얼마만큼 넓었는지 이야기하고 있어요. (　) 안의 알맞은 것에 ○표 하세요.

우리나라 땅이 (고조선, 신라)이 차지했던 땅만큼 넓다면 어땠을까?

생각만 해도 가슴이 벅차. 그렇게 넓은 땅이 있다면 도로도 집도 많이 지어서 더 편하게 살 수 있을 텐데.

그랬다면 (지하자원, 보물)도 어마어마할 텐데. 지금보다 더 잘살 수 있었을 거야.

고조선의 국가유산 분포 지역을 생각하면 그렇지. 지금 당장 타임머신을 타고 고조선으로 가고 싶다.

논리적 글쓰기

★ 만약 지금 우리나라의 영토가 고조선 국가유산이 발견된 지역만큼 넓다면 어떨까요? 한번 상상해 보고, 그때의 장점과 단점을 써 보세요.

장점	
단점	

내가 토론왕

★ 다른 나라를 공격해 나라의 영토를 넓히는 것이 옳은 일일까요? 부모님이나 친구들과 함께 이야기를 나눠 보세요.

토론 전

토론 주제	다른 나라를 공격해 나라의 영토를 넓히는 것이 옳은 일일까요?		
내 생각 표시하기	반대	중립	찬성
이유			

토론 후

토론 주제	다른 나라를 공격해 나라의 영토를 넓히는 것이 옳은 일일까요?		
내 생각 표시하기	반대	중립	찬성
이유			

5 논리적 글쓰기

토론 주제에 들어가기 전에, 책의 내용과 현실의 문제를 함께 고민하며 글쓰기로 자신의 생각을 정리할 수 있도록 구성했습니다.

7 한국사 신문

각 장의 내용을 확장해서 이해할 수 있도록 필요한 배경 지식을 신문 형식으로 정리했습니다. 그림, 사진, 지도 등 다양한 시각 자료를 함께 수록해 내용을 더욱 생생하게 파악할 수 있습니다.

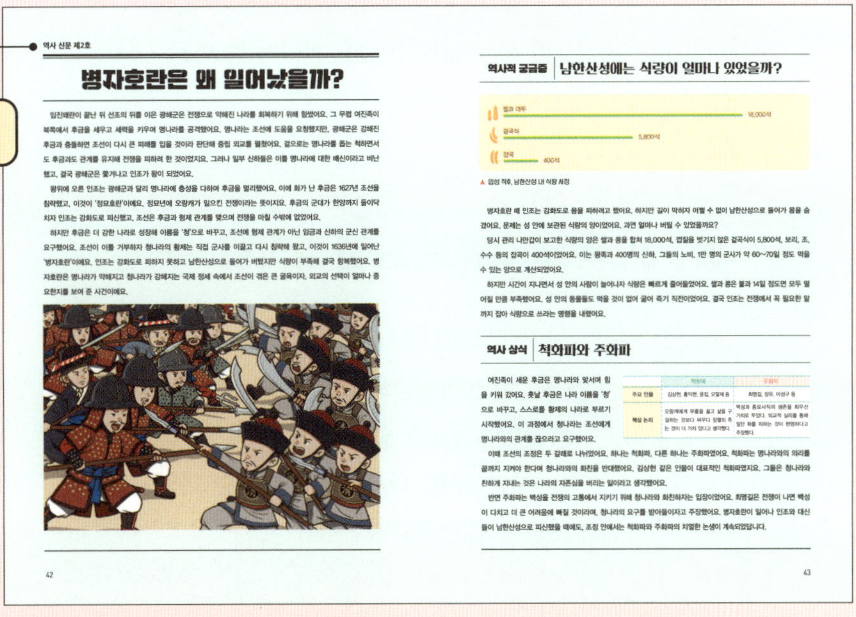

역사 신문 제2호

병자호란은 왜 일어났을까?

임진왜란이 끝난 뒤 선조의 뒤를 이은 광해군은 전쟁으로 약해진 나라를 회복하기 위해 힘썼어요. 그 무렵 여진족이 북쪽에서 후금을 세우고 세력을 키우며 명나라를 공격했어요. 명나라는 조선에 도움을 요청했지만, 광해군은 강해진 후금과 충돌하면 조선이 다시 큰 피해를 입을 것이라 판단해 중립 외교를 펼쳤어요. 겉으로는 명나라를 돕는 척하면서도 후금과도 관계를 유지해 전쟁을 피하려 한 것이었지요. 그러나 일부 신하들은 이를 명나라에 대한 배신이라고 비난했고, 결국 광해군은 쫓겨나고 인조가 왕이 되었어요.

왕위에 오른 인조는 광해군과 달리 명나라에 충성을 다하며 후금을 멀리했어요. 이에 화가 난 후금은 1627년 조선을 침략했고, 이것이 '정묘호란'이에요. 정묘년에 오랑캐가 일으킨 전쟁이라는 뜻이지요. 후금의 군대가 한양까지 들이닥치자 인조는 강화도로 피신했고, 조선은 후금과 형제 관계를 맺으며 전쟁을 마칠 수밖에 없었어요.

하지만 후금은 더 강한 나라로 성장해 이름을 '청'으로 바꾸고, 조선에 형제 관계가 아닌 임금과 신하의 군신 관계를 요구했어요. 조선이 이를 거부하자 청나라의 황제는 직접 군사를 이끌고 다시 침략해 왔고, 이것이 1636년에 일어난 '병자호란'이에요. 인조는 강화도로 피하지 못하고 남한산성으로 들어가 버텼지만 식량이 부족해 결국 항복했어요. 병자호란은 명나라가 약해지고 청나라가 강해지는 국제 정세 속에서 조선이 겪은 큰 굴욕이자, 외교의 선택이 얼마나 중요한지를 보여 준 사건이에요.

42

역사적 궁금증 | 남한산성에는 식량이 얼마나 있었을까?

쌀과 대두 18,000석
겉곡식 5,800석
잡곡 400석

▲ 입성 직후, 남한산성 내 식량 사정

병자호란 때 인조는 강화도로 몸을 피하려고 했어요. 하지만 길이 막히자 어쩔 수 없이 남한산성으로 들어가 몸을 숨겼어요. 문제는 성 안에 보관된 식량의 양이었어요. 과연 얼마나 버틸 수 있었을까요?

당시 관리 나만갑이 보고한 식량의 양은 쌀과 콩을 합쳐 18,000석, 껍질을 벗기지 않은 겉곡식이 5,800석, 보리, 조, 수수 등의 잡곡이 400석이었어요. 이는 왕족과 400명의 신하, 그들의 노비, 1만 명의 군사가 약 60~70일 정도 먹을 수 있는 양으로 계산되었어요.

하지만 시간이 지나면서 성 안의 사람이 늘어나자 식량은 빠르게 줄어들었어요. 쌀과 콩은 불과 14일 정도면 모두 떨어질 만큼 부족했어요. 성 안의 동물들도 먹을 것이 없어 굶어 죽기 직전이었어요. 결국 인조는 전쟁에서 꼭 필요한 말까지 잡아 식량으로 쓰라는 명령을 내렸어요.

역사 상식 | 척화파와 주화파

여진족이 세운 후금은 명나라와 맞서며 힘을 키워 갔어요. 훗날 후금은 나라 이름을 '청'으로 바꾸고, 스스로를 황제의 나라로 부르기 시작했어요. 이 과정에서 청나라는 조선에게 명나라와의 관계를 끊으라고 요구했어요.

	척화파	주화파
주요 인물	김상헌, 홍익한, 윤집, 오달제 등	최명길, 장유, 이성구 등
핵심 논리	오랑캐에게 무릎을 꿇고 삶을 구걸하는 것보다 싸우다 장렬히 죽는 것이 더 가치 있다고 생각했다.	백성과 종묘사직의 생존을 최우선 가치로 두었다. 외교적 실리를 통해 일단 화를 피하는 것이 현명하다고 주장했다.

이때 조선의 조정은 두 갈래로 나뉘었어요. 하나는 척화파, 다른 하나는 주화파였어요. 척화파는 명나라와의 의리를 끝까지 지켜야 한다며 청나라와의 화친을 반대했어요. 김상헌 같은 인물이 대표적인 척화파였지요. 그들은 청나라와 친하게 지내는 것은 나라의 자존심을 버리는 일이라고 생각했어요.

반면 주화파는 백성을 전쟁의 고통에서 지키기 위해 청나라와 화친하자는 입장이었어요. 최명길은 전쟁이 나면 백성이 다치고 더 큰 어려움에 빠질 것이라며, 청나라의 요구를 받아들이자고 주장했어요. 병자호란이 일어나 인조와 대신들이 남한산성으로 피신했을 때에도, 조정 안에서는 척화파와 주화파의 치열한 논쟁이 계속되었답니다.

43

차 례

7월 신라_ 한반도를 통일한 나라, 신라

8월 근대 ①_ 일본의 침략과 광복을 향한 노력

9월 백제_ 찬란한 문화를 꽃피운 나라, 백제

일러두기

* 이 책에 소개된 단어의 뜻풀이를 비롯하여 외래어, 지명, 연도는 국립국어원의 표준국어대사전을 참고하였습니다.
* 계기교육은 공식 교육과정에서 깊이 다루지 않지만, 교사와 학교 현장의 필요에 따라 학생들이 꼭 알아야 할 사회·문화적 주제를 배우도록 마련된 교육입니다. 국경일, 명절, 사회적 이슈 등을 주제로 진행되며, 학생들이 국가와 사회를 더 폭넓고 균형 있게 이해하도록 돕습니다.

1월

고조선

나라의 탄생

1월은 새로움으로 마음이 설레는 달이에요. 특히 1월에는 우리 민족의 큰 명절인 설날이 있어요. 설날은 한 해가 새롭게 시작하는 날로, 가족이 함께 모여 복을 빌고 조상을 기리는 날이에요. 사실 이런 새해를 맞는 마음은 아주 오래전 우리 조상들도 같았어요. 한반도 역사의 첫 장을 연 고조선 사람들 역시 농사를 지으며 하늘에 제사를 올리고, 한 해의 풍요와 평안을 기원했지요. 오래전 고조선 사람들은 어떤 나라를 세웠을지 함께 알아볼까요?

01

사건 탐구

우리 역사의 시작, 고조선

키워드: 단군왕검, 미송리식 토기, 청동 검

▲ 단군 영정 © 전통문화포털

우리 역사 속 최초의 국가는 고조선이에요. 고조선에 대한 기록은 일연 스님이 쓴 『삼국유사』에서 찾아볼 수 있어요. 『삼국유사』에 따르면, 옛날 하느님의 아들인 환웅은 항상 인간 세상을 구하고 싶어 했대요. 아버지 **환인**은 아들의 뜻을 귀하게 여겨 천부인 세 개를 주며 세상으로 내려보냈어요. **천부인**은 빛과 지혜로 하늘을 비추는 청동 거울, 힘의 상징인 청동 검, 진리로 온 세상을 깨우고 울려 퍼지게 하라는 의미의 청동 방울이었어요. 이 내용으로 비추어 볼 때 이 시대는 청동기 시대라고 볼 수 있지요. 환웅은 바람, 비, 구름을 다스리는 신하를 거느리고 태백산 꼭대기의 신단수 밑에 내려와 세상을 다스렸어요.

환웅의 아들인 단군은 **기원전** 2333년에 아사달에 도읍을 정하고 고조선을 세웠어요. 나라 이름을 '조선'이라고 정했는데, 1392년 이성계가 세운 나라인 조선과 구별하기 위해서 한자 '옛 고(古)'를 붙여 고조선이라고 불러요. 단군왕검은 1500년 동안 나라를 다스렸다고 전해져요. 그가 1908세에 왕위에서 물러났다고 하지만, 인간이라면 그렇게 오래 살 수 없었겠지요? 그래서 단군왕검이라는 호칭을 쓴 여러 지도자들이 대를 이어 고조선을 통치한 것으로 볼 수 있어요.

고조선의 **건국 이념**은 널리 인간을 이롭게 한다는 뜻의 홍익인간이에요. 단군왕검이 다스린 고조선은 제정일치 사회였어요. 제정일치란 종교와 정치가 하나로 합쳐진 정치 형태를 말해요. '단군'은 하늘에 제사를 지내는 제사장을 의미하고, '왕검'은 나라는 다스리는 왕을 뜻해요. 따라서 단군왕검이라는 이름은 고조선이 제정일치 사회였다는 것을 보여 주고 있어요.

어휘 쏙쏙

- **환인**: 하늘의 신.
- **천부인:** 환인이 아들 환웅에게 인간 세상을 다스리도록 준 세 가지 물건으로, 왕의 신분을 증명하는 물건.
- **기원전:** 예수님이 태어나기 이전 시대.
- **건국 이념:** 나라를 세울 때 기본이 되는 정신.

개념 이해

1. 초성을 보고, 빈칸에 알맞은 말을 써 보세요.

우리 역사 속 최초의 국가는 ㄱ ㅈ ㅅ 이다.

2. 잘 읽고 맞게 설명한 것에는 O, 잘못된 설명에는 X를 선택하세요.

① 고조선의 건국 이념은 홍익인간이다. (O, X)

② 홍익인간의 뜻은 '널리 인간을 이롭게 한다.'이다. (O, X)

3. 환웅이 하늘에서 내려올 때 가지고 온 천부인의 의미를 살펴보고, 내가 생각하는 의미를 써 보세요.

천부인	의미	내가 생각하는 의미
 ▲ 청동 거울	빛과 지혜로 하늘을 비춤.	
 ◀ 청동 검	힘의 상징, 세상을 지키는 것.	
 ▲ 청동 방울	하늘의 소리, 백성들의 소리에 귀 기울이고 진리로 세상을 깨우치라는 의미.	

생각 톡톡

★ 환인과 환웅이 이야기하고 있어요. (   ) 안의 알맞은 것에 ○표 하세요.

아들아! 네가 인간 세상을 이롭게 하기를 원한다니,
네게 천부인 (3개, 4개)를 주겠다.

아버님, 감사합니다. 인간들이 모두 행복하게
잘살 수 있도록 다스려 보겠습니다.

그래, 부디 잘 다스리거라.

나라 이름은 (조선, 가야)으로 정하려고 합니다.

심화 탐구

★ 단어의 뜻과 설명이 알맞게 짝이 되도록 선으로 이어 보세요.

① 제정일치 •	• Ⓐ 제사를 지내는 사람과 나라를 다스리는 사람이 같다는 뜻이다.
② 삼국유사 •	• Ⓑ 우리나라 역사상 최초의 국가를 세운 사람이다.
③ 단군왕검 •	• Ⓒ 고려 시대의 스님 일연이 쓴 책이다.

논리적 글쓰기

★ 단군은 왕이 된 후, 나라 이름을 '조선'이라 정하고 1500년 동안 나라를 다스렸어요. 이 내용은 참일까요, 거짓일까요? 참과 거짓 중 하나를 선택하고, 그렇게 생각한 이유를 써 보세요.

참/거짓	이유

쉬어 가기

★ 환웅이 땅에 내려올 때 가져온 천부인을 찾으러 떠나 볼까요?

출발

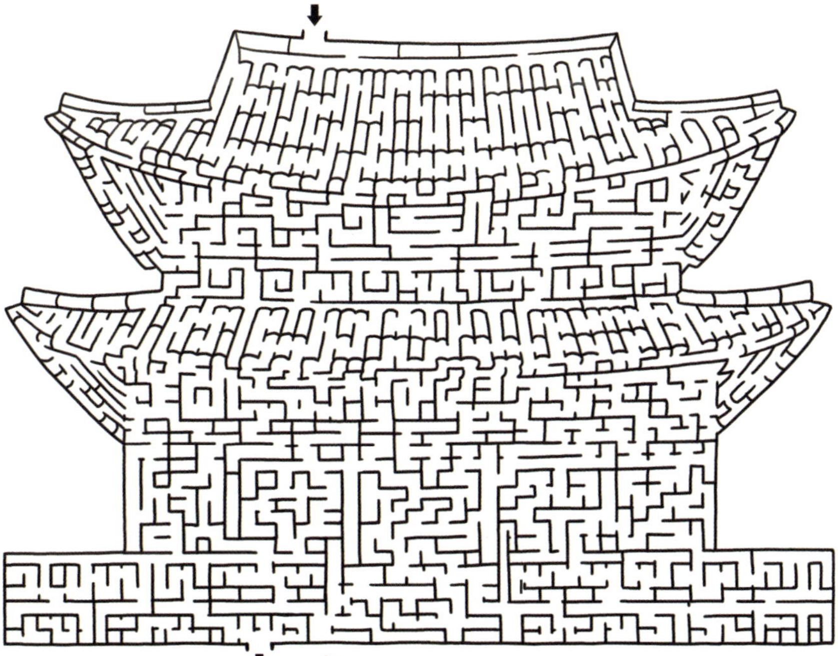

도착

02

국가유산 탐구

마니산의 참성단

키워드: 마니산, 참성단, 제단

▲ 마니산의 참성단

마니산 참성단은 인천광역시 강화군 화도면 마니산 정상에 있는 돌로 쌓은 **제단**이에요. 전해지기로는 단군왕검이 하늘에 제사를 올리기 위해 쌓았다고 해요. 한 해의 풍요를 빌기 위해서였지요. 그 기록이 『세종실록지리지』에도 남아 있어요. 강화도에는 단군의 세 아들이 쌓았다는 **삼랑성**도 남아 있어요.

참성단의 구조는 매우 독특해요. 아랫부분은 지름 4.5m의 원형으로 만들고, 그 위에 1.98m의 **정방형** 단을 쌓아 올렸어요. 우리 조상들이 '하늘은 둥글고 땅은 네모지다'라고 생각했던 것과는 반대 모양이지요. 또 참성단 입구에는 아름다운 소나무가 있어요. 이 소나무는 천연기념물(천연기념물 제502호)로 지정되었어요.

『고려사』에 따르면 1270년(원종 11년)에 참성단을 수리했으며 매년 봄과 가을에는 하늘의 별에 제사를 지냈다고 해요. 조선 1430년(세종 12년)부터는 종 2품 이상의 관리를 보내 제사를 지내게 했으며, 인조와 숙종 때에도 참성단을 고쳐 쌓았다는 기록이 남아 있어요. 이를 통해 고려와 조선 시대 내내 참성단에 제사를 지내며 단군을 기렸음을 알 수 있어요.

어휘 쏙쏙

- **제단**: 제사를 지내기 위해 흙이나 돌로 쌓아 올린 터.
- **삼랑성**: 단군의 세 아들이 쌓은 성. 처음엔 흙으로 쌓은 성이었는데, 여러 시대를 거치면서 튼튼한 돌로 지어짐.
- **정방형**: 변의 길이와 내각의 크기가 모두 같은 사각형(정사각형).

개념 이해

1. 초성을 보고, 빈칸에 알맞은 말을 써 보세요.

마니산 참성단은 ㄷ ㄱ ㅇ ㄱ 이 하늘에 제사를 지내던 제단이다.

2. 잘 읽고 맞게 설명한 것에는 O, 잘못된 설명에는 X를 선택하세요.

① 단군왕검이 하늘에 제사를 지낸 곳은 참성단이다. (O, X)

② 참성단은 단군이 만든 이후 지금까지 수리하지 않고 그대로 보존되었다. (O, X)

3. 인터넷에서 검색했더니 나온 사진이에요. 검색어가 무엇이었는지 써 보세요.

생각 톡톡

★ 친구들이 이야기를 나누고 있어요. (   ) 안의 알맞은 것에 ○표 하세요.

(단군왕검, 왕건)은 왜 하늘에 제사를 지냈을까?

고조선은 (신석기 시대, 청동기 시대)에 건국되었는데,
농사가 잘 되어야 백성들이 굶지 않았겠지?

지도자의 가장 중요한 일이 한 해의 풍년을
기원하는 일이었겠구나.

심화 탐구

★ 참성단에 대해 잘못 말한 두 친구를 골라 ○표 하세요.

아현	재민	민호	시은
노래하는 곳이었어.	고려 시대, 매년 봄과 가을에 제사를 지냈대.	인조와 숙종 때에 제사를 지냈대.	왕이 가끔 와서 지내는 집이었어.

논리적 글쓰기

★ 고조선의 건국 이야기 속 상황을 신호등 색으로 표현해 볼까요? 신호등 색 중 하나를 선택하고, 그 색을 고른 이유를 써 보세요.

옛날에, 환인의 아들 환웅이 신하(바람, 비, 구름)를 거느리고 땅에 내려왔다.

어느 날 곰과 호랑이가 환웅을 찾아와 사람이 되게 해 달라고 빌었다. 환웅은 쑥, 마늘을 먹고 100일 동안 햇빛을 보지 말라고 했다.

호랑이는 약속을 지키지 못했지만 곰은 그 말을 지켜 사람(웅녀)이 되었다.

환웅과 웅녀가 결혼하여 아들을 낳았는데, 그가 바로 단군왕검이다.

상황	내 생각 표시하기			이유
	반대	중립	찬성	
환웅이 하늘에서 신하(바람, 비, 구름)와 함께 땅에 내려왔다.				
곰과 호랑이는 사람이 되고 싶었지만, 곰만 환웅이 한 말을 지켜 사람(웅녀)이 되었다.				
환웅과 웅녀는 결혼해서 단군왕검을 낳았다. 단군왕검은 홍익인간 정신으로 세상을 다스렸다.				
단군왕검은 나라를 잘 다스리기 위해 참성단에서 제사를 지냈다.				

03

타임머신

고조선의 영토가 궁금해!

키워드: 미송리식 토기, 비파형 동검, 탁자식 고인돌

▲ 미송리식 토기

◀ 비파형 동검

▲ 탁자식 고인돌

청동기 시대, 고조선은 전쟁을 통해 나라의 **영토**를 점점 넓혀 갔어요. 한 부족이 다른 부족을 공격해 그 부족이 차지하고 있던 땅을 빼앗아 **세력**을 키워 나갔던 것이지요.

비록 자세한 기록은 남아 있지 않지만 **국가유산**을 통해 고조선의 영토를 짐작할 수 있어요. 고조선을 대표하는 국가유산으로는 평안도 미송리 지역에서 발견된 미송리식 토기, 악기 비파를 닮은 비파형 동검, 두 개의 받침돌을 세워 네모난 무덤방을 만들고 그 위에 커다란 덮개돌을 올려 만든 탁자식 고인돌이 있어요.

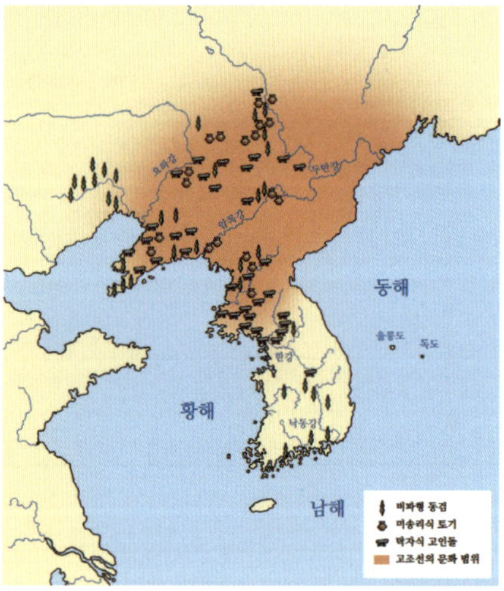

이러한 국가유산이 발견된 지역을 살펴보면, 고조선의 영역이 한반도뿐만 아니라 중국 동북 지역까지였음을 알 수 있어요. 우리가 생각했던 것보다 훨씬 넓은 땅을 차지하고 있었던 셈이지요.

어휘 쏙쏙

- **영토**: 국제법에서 국가의 통치권이 미치는 구역.
- **세력**: 어떤 속성이나 힘을 가진 집단.
- **국가유산**: 옛날부터 전해오는 문화 중에서 후손들에게 물려줄 만한 가치가 있는 것.

개념 이해

1. 고조선의 문화 범위를 알 수 있는 유물과 유적을 모두 고르세요.

① 

② 

③ 

④ 

2. 잘 읽고 맞게 설명한 것에는 O, 잘못된 설명에는 X를 선택하세요.

① 탁자식 고인돌은 고려 시대의 무덤이다. (O, X)

② 고조선의 유물은 한반도뿐만 아니라 중국 동북 지역에서도 발견되었다. (O, X)

3. 초성을 보고, 빈칸에 알맞은 말을 써 보세요.

ㅊ ㄷ ㄱ 시대에는 ㅈ ㅈ 을 통해 나라의 영토를 점점 넓혀 갔다.

한 부족이 다른 부족을 공격해 그 부족이 차지하고 있던 땅을 빼앗았다.

생각 톡톡

★ 친구들이 고조선의 땅은 얼마만큼 넓었는지 이야기하고 있어요. (   ) 안의 알맞은 것에 ○표 하세요.

우리나라 땅이 (고조선, 신라)이 차지했던 땅만큼 넓다면 어땠을까?

생각만 해도 가슴이 벅차. 그렇게 넓은 땅이 있다면 도로도 집도 많이 지어서 더 편하게 살 수 있을 텐데.

그랬다면 (지하자원, 보물)도 어마어마할 텐데. 지금보다 더 잘살 수 있었을 거야.

고조선의 국가유산 분포 지역을 생각하면 그렇지. 지금 당장 타임머신을 타고 고조선으로 가고 싶다.

논리적 글쓰기

★ 만약 지금 우리나라의 영토가 고조선 국가유산이 발견된 지역만큼 넓다면 어떨까요? 한번 상상해 보고, 그때의 장점과 단점을 써 보세요.

장점	
단점	

내가 토론왕

★ **다른 나라를 공격해 나라의 영토를 넓히는 것이 옳은 일일까요? 부모님이나 친구들과 함께 이야기를 나눠 보세요.**

토론 전

토론 주제	다른 나라를 공격해 나라의 영토를 넓히는 것이 옳은 일일까요?		
 내 생각 표시하기	반대	중립	찬성
이유			

토론 후

토론 주제	다른 나라를 공격해 나라의 영토를 넓히는 것이 옳은 일일까요?		
 내 생각 표시하기	반대	중립	찬성
이유			

우리나라 최초의 법, 8조법

우리나라 최초의 법은 언제 시작되었을까요? 바로 최초의 국가였던 고조선 때부터였어요. 고조선은 백성을 다스리기 위해 여덟 개의 법을 만들었는데, 그 법을 '8조법'이라고 해요. 현재는 그 가운데 세 가지 내용만 전해지고 있어요.

첫 번째는 '사람을 죽인 자는 사형에 처한다.'는 법이에요. 이 내용을 통해 고조선 사람들이 사람의 생명을 매우 소중하게 여겼다는 것을 알 수 있어요.

두 번째는 '남을 다치게 한 사람은 곡식으로 갚아야 한다.'는 법이에요. 다른 사람을 다치게 한 사람에게 곡물로 갚게 한 것은 고조선이 농업 중심의 사회였음을 짐작하게 해요. 또한 벌금을 곡물로 냈다는 점에서 개인이 재산을 소유할 수 있었음을 알 수 있어요.

> 사람을 죽인 자는 사형에 처한다.
>
> 남을 다치게 한 사람은 곡식으로 갚아야 한다.
>
> 남의 물건을 훔친 자는 노비로 삼는다. 용서를 받으려면 50만 전을 내야 한다.
>
> –중국 역사서 『한서』

세 번째는 '남의 물건을 훔친 자는 노비로 삼는다. 용서를 받으려면 50만 전을 내야 한다.'는 법이에요. 노비라는 말이 등장하는 것으로 보아 고조선이 신분 사회였다는 것을 알 수 있고, 50만 전을 내라는 것으로 보아 화폐를 사용했다는 점도 알 수 있어요.

이처럼 고조선의 법은 사람을 죽이면 죽음으로, 도둑질을 하면 노비로 삼는 등 죄에 맞는 강력한 벌을 내렸어요. 즉, 지은 죄와 같은 무게의 벌로 죄를 심판했던 사회였던 것이지요.

역사적 궁금증 | 청동기 시대에는 농사를 지었을까?

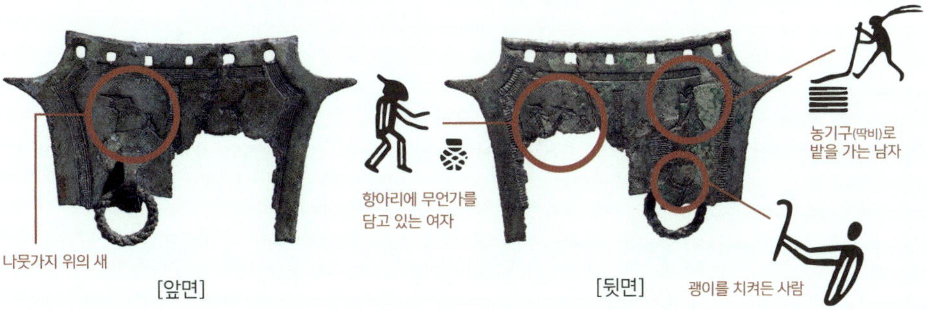

▲ 농경문 청동기 © 국립중앙박물관

고조선 사람들은 청동기를 사용하며 살아갔어요. 미송리식 토기 같은 민무늬 토기에 곡식을 저장하고, 땅 위에는 움집을 짓고 살았어요. 특히 함경북도 웅기 지방의 움집에서 구들의 흔적이 발견된 것으로 보아, 바닥 난방을 했다는 사실도 알 수 있어요.

농경문 청동기는 청동기 시대 사람들의 생활 모습을 짐작할 수 있는 대표적인 유물이에요. 앞면에는 나뭇가지 위의 새가, 뒷면에는 밭을 가는 남자, 괭이를 치켜든 사람, 항아리에 무언가를 담고 있는 여자의 모습이 새겨져 있어요. 이는 마치 밭을 가꾸고 수확하는 장면을 표현한 것처럼 보여요.

농경문 청동기 윗부분에는 끈을 꿴 흔적이 남아 있어, 하늘에 제사를 지내는 지배자의 옷이나 신성한 장소에 매달았던 것으로 추측돼요. 또 청동기는 매우 귀해서 지배자 등 일부 계층만 사용했을 것으로 여겨져요.

인물 탐구 | 고조선을 멸망시킨 위만

기원전 3세기경, 중국 연나라가 혼란스러워지자 위만은 약 1,000명의 무리를 이끌고 고조선으로 망명했어요. 당시 고조선의 왕이던 준왕에게 위만은 "서쪽 경계 지역에 머물게 해 주신다면 중국에서 건너오는 사람들을 모아 나라를 지키겠다"고 약속했어요. 준왕은 그 말을 믿고 위만에게 '박사'라는 벼슬과 100리의 땅을 주어 서쪽을 지키게 했어요.

그러나 위만은 점점 세력을 키우더니 반란을 일으켜 준왕을 몰아내고 스스로 왕의 자리에 올랐어요. 위만은 '조선'이라는 나라 이름을 그대로 사용했고, 청동기 문화보다 발전된 철기 문화를 바탕으로 나라의 힘을 더욱 키웠어요. 이후 위만과 그의 후손들이 다스린 시기를 '위만 조선'이라고 불러요.

계기교육 01

'설날'은 언제 시작되었을까요?

설날은 한 해의 첫날을 기념하는 우리나라의 가장 큰 명절이에요. 우리 조상들은 음력 1월 1일을 설날로 정하고 새해를 맞이했어요. 설날에는 아침 일찍 일어나 예쁜 설빔을 입고 조상님께 차례를 지냈어요. 집안 어른들께는 세배를 드리고요.

설날이 언제부터 명절이 되었는지는 정확하지 않지만 488년, 신라 비처왕이 설날을 쇠었다는 『삼국유사』의 기록을 통해 매우 오래된 전통임을 알 수 있어요. 조선 말기, 을미사변 이후 고종이 러시아 공사관으로 옮겨 지낸 아관파천 기간에는 일본의 영향 아래 이루어진 을미개혁으로 음력 설 대신 양력 1월 1일을 설날로 정했어요. 그러나 대부분의 가정에서는 여전히 음력 설날을 지냈지요. 이후 1985년~1988년까지 음력 설날이 공휴일로 지정되었고, 1989년부터는 3일 연휴로 자리 잡았어요.

설날에는 여러 음식을 만들어 먹고 손님에게 대접했는데, 대표 음식은 떡국이에요. 떡국을 먹어야 비로소 한 살을 더 먹는다고 여겼지요. 이 밖에도 소고기 산적, 식혜, 수정과 등 다양한 음식을 만들며 한 해의 건강과 복을 기원했어요. 또한 가족과 친척이 함께 모여 윷놀이, 연날리기, 제기차기 같은 전통놀이를 즐기며 정을 나누었어요.

함께 읽으면 좋은 책

- **『설날』**, 김영진 글 · 그림, 길벗어린이
- **『신통방통 지혜가 담긴 우리의 세시 풍속과 전통 놀이』**, 최정원 글, 정민경 그림, 뭉치
- **『열두 달 세시 풍속 이야기』**, 박혜숙 글, 한수자 그림, 토토북
- **『우리 첫 명절 설날 일기』**, 김미애 글, 정현지 그림, 위즈덤하우스

2월

조선

실학과 개혁의 바람

2월은 한 해의 배움을 마무리하는 달이에요. 종업식과 졸업식이 열려 지난 시간을 돌아보며 새로운 시작을 준비해요. 우리 역사에서도 이런 마무리와 새로운 다짐이 중요했던 때가 있었어요. 1627년 정묘호란과 1636년 병자호란이지요. 우리 조상들은 국난 속에서도 서로를 지키며 다시 나라를 바로 세우기 위해 힘을 모았어요. 2월을 맞아 우리도 지난 한 해를 되돌아보며, 조상들처럼 어려움 앞에서도 흔들리지 않는 용기와 새로운 다짐을 마음에 새겨 보세요.

01
사건 탐구

병자호란

키워드: 병자호란, 조선, 청나라, 인조

▲ 남한산성 전투

병자호란은 1636년 12월 8일(음력)부터 1637년 1월 30일까지 조선과 청나라 사이에서 벌어진 전쟁이에요. 청나라는 조선에게 자기 나라를 임금으로 섬기고, 조선은 신하의 나라로 복종하라는 군신 관계를 요구했어요. 그러나 당시 조선의 왕인 인조는 청나라의 무리한 요구를 따를 수 없으며, 오랑캐라 여긴 청나라의 신하가 될 수 없다고 거절했지요. 그러자 청나라는 조선을 굴복시키기 위해 12만 대군을 이끌고 침략했어요.

조선은 끝까지 싸웠지만 막강한 청나라의 전투력 앞에 무너지고 말았어요. 원래 인조는 강화도로 피신하려 했으나 길이 막혀, 결국 남한산성으로 들어갔지만 포위당했지요. 남한산성은 **천혜의 요새**로 조선군 1만 3천 명이 지키고 있었기에 청나라 군대도 쉽게 공격하지 못했어요. 하지만 성안에는 식량이 50일 남짓밖에 없다는 것이 문제였어요.

한편 왕실 가족은 강화도로 피신해 있었지만 청나라 군대가 강화도까지 공격해 결국 함락되고 말았어요. 식량이 바닥나고 강화도마저 무너지자 인조는 1637년 1월 30일(음력), 삼전도에서 청나라 황제 숭덕제에게 항복했어요. 이때 인조는 청나라 황제 앞에서 무릎을 꿇고 세 번 절하고 아홉 번 머리를 조아리는 예(삼배구고두례)를 올리게 했어요. 그뿐만이 아니에요. 소현 세자와 봉림 대군이 청나라에 **볼모**로 끌려갔고, 수많은 백성이 집을 잃거나 노예로 잡혀갔어요. 이후 조선은 청나라에 여러 귀중한 물건을 바쳐야 했어요.

어휘 쏙쏙

- **천혜의 요새:** 천혜(하늘의 은혜)의 요새(군사적으로 중요한 곳에 튼튼하게 만들어 놓은 방어 시설)로, 자연적으로 방어에 유리한 지형을 가진 곳.
- **볼모:** 약속을 지키는 것에 대한 담보가 되어 상대편에게 억류된 사람. (비)인질.

개념 이해

1. 초성을 보고, 빈칸에 알맞은 말을 써 보세요.

1636년 음력 12월 8일 청나라가 조선을 침략해 벌어진 전쟁이

ㅂ ㅈ ㅎ ㄹ 이다.

2. 잘 읽고 맞게 설명한 것에는 O, 잘못된 설명에는 X를 선택하세요.

① 조선은 청나라에 끝까지 항전했으나 결국 패배하고 말았다. (O, X)

② 인조는 강화도로 무사히 피신할 수 있었다. (O, X)

3. 친구들이 모여서 병자호란에 대해 이이야기하고 있어요. 옳게 이야기한 친구를 찾아 O표 하세요.

아현	재민	시은

생각 톡톡

★ 말풍선 속 대화를 읽으며 병자호란에 대해 생각해 보고, (　) 안의 알맞은 것에 ○표 하세요.

(청나라, 명나라)가 우리에게 경고장을 보냈소! 이 일을 어찌해야 한단 말이오?

오랑캐인 청나라와 친해지는 것은 조선의 자존심을 버리는 일입니다. 결코 있어서는 안 될 일이옵니다.

척화파

주화파

청나라는 명나라를 무너뜨리고 세력을 넓히고 있습니다. 이제 청나라와 친해져 우리 조선의 평화를 지켜야 합니다.

우리는 평화를 원합니다. 부디 전쟁은 막아 주세요.

심화 탐구

★ 만약 여러분이 인조였다면 명나라와의 의리를 지켰을까요? 아니면 청나라에 항복하고 나라의 평화를 지켰을까요? 둘 중 하나를 선택하고, 그렇게 생각한 이유를 써 보세요.

	명나라와의 의리를 지킨다.	청나라에 항복한다.
예	• 명나라는 임진왜란 때 조선을 도와준 나라이기 때문에 우리도 끝까지 의리를 지켜야 한다. • 조선은 선비의 나라다. 오랑캐인 청나라와 손잡을 수 없다.	• 청나라는 강한 힘을 가진 나라다. 망해 가는 명나라를 버리고 청나라와 친하게 지내 나라를 위기에서 구해야 한다. • 의리보다 실리(실제 이익)를 챙겨야 한다.
내가 인조였다면?		

논리적 글쓰기

★ <보기>를 참고하여 인조, 척화파, 주화파, 백성 중 한 사람의 입장에서 병자호란에 대한 생각을 써 보세요.

토론자	주장과 이유
보기 (주화파)의 입장에서	나는 청나라와 친하게 지내면서 후일을 도모해야 한다고 생각한다. 우리 민족은 그동안 수많은 전쟁으로 참혹한 일을 겪어왔다. 그때마다 백성은 죽고, 집은 불탔으며, 나라는 아수라장이 되었다. 생명보다 더 중요한 의리는 없다. 정치인의 소명은 백성이 행복하고 편안하게 살 수 있도록 하는 것이다.
(　　　　)의 입장에서	

쉬어 가기

★ 병자호란 이후, 척화파였던 조선의 신하들은 청나라로 끌려갔어요. 척화파였던 신하 김상헌이 조국을 떠나며 지은 시조를 따라 써 보세요.

가	노	라		삼	각	산	아		다	시		보	자		한	강	수	야
고	국	산	천	을		떠	나	고	자		하	랴	마	는				
시	절	이		하		수	상	하	니		올	동	말	동		하	여	라

02

국가유산 탐구

병자호란의 현장, 남한산성

키워드: 남한산성, 유네스코 세계 문화유산

▲ 남한산성 © 국가유산청

남한산성은 북한산성과 함께 한양을 지키던 조선 시대의 **산성**이에요. 『삼국사기』에 따르면, 673년(신라 문무왕 13년)에 한산주에 성을 쌓았다는 기록이 있는데, 이를 오늘날의 남한산성으로 볼 수 있어요.

지금의 남한산성은 1624년(인조 2년)에 갖춰진 것이에요. 병자호란 당시 인조가 이곳으로 피신해 59일 동안 **결사 항전**을 벌였지만 끝내 항복하고 말았어요. 조선에서는 이 굴욕적인 패배를 '정축하성'이라 불렀는데, 이는 1637년 정축년 1월 30일(음력), 임금이 남한산성을 내려왔다는 뜻이에요. 이어 인조가 삼전도에서 청나라 황제 앞에서 무릎을 꿇고 머리를 조아린 사건을 두고 '삼전도의 굴욕'이라고 부르게 되었지요.

남한산성은 단순히 아픈 역사를 담고 있는 장소가 아니라, 반드시 기억해야 할 중요한 유산이기도 해요. 현재 성에는 동문 · 서문 · 남문**루**와 방어 시설, 비밀 통로인 암문, 관아, 우물, 군사 훈련 시설 등이 남아 있어요. 또한 백제 전기의 흔적이 많이 남아 있어, 백제 온조왕의 성으로 전해지기도 하지요. 남한산성은 험준한 지형 위에 다양한 방어 시설을 갖춘 곳으로, 7세기부터 19세기에 이르는 **축성술**의 발달 과정을 잘 보여 주는 귀중한 곳이에요. 이러한 역사적 · 학술적 가치를 인정받아 2014년 6월, **유네스코 세계 문화유산**으로 **등재**되었어요.

어휘 쏙쏙

- **산성**: 산 위에 쌓은 성.
- **결사 항전:** 죽을 각오로 맞서 싸움.
- **루:** 높게 지어진 집이나 건물, 누각.
- **축성술**: 성을 쌓는 기술.
- **유네스코 세계 문화유산:** 인류의 보편적 가치를 지닌 자연 유산 및 국가유산들을 발굴 및 보호, 보존하기 위하여 '세계 문화 및 자연 유산 보호 협약'의 규정에 따라 유네스코에서 지정하는 유산.
- **등재**: 공식적인 기록이나 목록에 올리거나 기재하는 것.

개념 이해

1. 초성을 보고, 빈칸에 알맞은 말을 써 보세요.

ㄴ ㅎ ㅅ ㅅ 은 2014년 유네스코

ㅅ ㄱ ㅁ ㅎ ㅇ ㅅ 으로 등재되었다.

2. 잘 읽고 맞게 설명한 것에는 O, 잘못된 설명에는 X를 선택하세요.

① 남한산성은 북한산성과 함께 한양을 지키던 조선 시대의 산성이다. (O, X)

② 현재 남한산성은 군사 훈련 시설만 보존되어 있다. (O, X)

3. 당시 상황에 맞는 단어와 그 뜻이 알맞게 짝이 되도록 선으로 이어 보세요.

① 삼배구고두례 •	• Ⓐ 죽을 각오로 맞서 싸움.
② 정축하성 •	• Ⓑ 인조가 삼전도에서 청나라 황제 앞에서 무릎을 꿇고 머리를 조아린 사건.
③ 결사 항전 •	• Ⓒ 조선의 굴욕적인 사건을 삼전도의 굴욕 대신 이르는 말.

생각 톡톡

★ **친구들이 병자호란에 대해 이야기하고 있어요. (   ) 안의 알맞은 것에 ○표 하세요.**

병자호란 때 인조는 (남한산성, 북한산성)으로 피신을 했잖아. 그때 백성들의 삶은 어땠어?

임금님이 무사해야 나라를 다스릴 수 있었으니 어쩌면 당연한 일이었겠지만, 백성들은 청나라의 무자비한 공격에 그대로 당하고만 있어야 했지.

백성들의 불만은 엄청났겠는걸.

그렇지. 우리 백성들은 청군이 쳐들어오는 속도가 너무 빨라서 (의병, 군인)을 조직하기 어려웠어.

심화 탐구

★ **병자호란이 일어난 시기에 있었던 사실로 옳은 것은 무엇일까요?**

① 남한산성에서 적군을 격퇴하였다.

② 외적의 침입에 대비하고자 북한산성을 지었다.

③ 척화파가 청나라와 친하게 지내자고 했다.

④ 인조는 울릉도로 피신했다.

⑤ 소현 세자와 봉림 대군 등이 청나라에 끌려갔다.

정답

논리적 글쓰기

★ 다음 신문 기사를 읽고, 기사 내용에 알맞은 제목을 만들어 보세요. 또, 병자호란 때 도망간 양반을 인터뷰한다고 상상하고 그 내용을 써 보세요.

제5호

역사 신문

1637년 1월 O일

조선에게 군신 관계를 요구했던 청나라는 조선이 이를 받아들이지 않자, 1636년 음력 12월 8일 12만명의 군사를 이끌고 조선에 쳐들어왔어요. 조선군은 죽음을 무릅쓰고 항전했지만 청나라의 기세는 매우 강했어요. 순식간에 밀려든 청나라의 군대에 조선의 임금 인조는 남한산성으로 피신했지만 성은 곧 포위되었고 식량도 넉넉하지 않았어요. 조선에서는 명나라와의 의리를 지키며 끝까지 싸우자는 척화파와 우리의 이익을 위해 청나라와 화해하자는 주화파의 의견이 팽팽히 맞섰어요. 그러나 결국 인조는 항복하고 말았어요. 인조는 지금의 송파구 나룻터인 삼전도에서 청나라의 황제에게 굴욕적 패배를 인정했고, 이 일은 조선 역사에서 가장 굴욕적인 사건으로 평가되고 있어요.

안녕하세요. 역사 신문 기자입니다. 병자호란 때 어떤 일이 있었나요?

우리는 그때 ______________________

03

타임머신

실학이 제대로 꽃피웠다면?

키워드: 실학, 개혁, 사농공상

임진왜란과 병자호란을 겪으면서 나라의 힘은 약해졌고, 백성들은 더욱 가난해졌어요. 유학자들은 '어떻게 하면 나라를 강하게 만들고, 백성들이 행복하게 살 수 있을까?' 하고 고민했어요. 하지만 강한 권력을 가진 세력들은 변화를 쉽게 받아들이려고 하지 않았어요. 그때 정조는 나라를 새롭게 바꾸기 위해 여러 개혁 정책을 만들며 사회 문제를 해결하려고 했어요.

당시 조선은 신분제가 엄격한 나라였어요. 사농공상이라 하여 선비, 농민, 장인, 상인으로 신분을 나누었지요. 법적으로는 사람의 신분을 양인과 천민으로 구분하는 **양천제**, 실제로는 양반, 중인, 상민, 천민으로 나누는 **반상제**가 시행되었어요.

정조는 신분제의 벽에 가로막혀 능력을 펼치지 못했던 정약용, 이덕무, 박제가와 같은 서얼 출신 인재들을 관리로 뽑았어요. 또 그동안 국가의 허가를 받아 특정 상품을 독점으로 판매하던 상인들뿐만 아니라 누구나 자유롭게 물건을 사고팔 수 있게 했어요. 이처럼 조선을 실용적인 학문을 바탕으로 새롭게 바꾸려고 한 것이 바로 실학이에요.

실학은 조선 후기에 등장한 새로운 학문으로, 백성들의 어려운 삶을 개선하려고 앞장선 학문이에요. 실학에는 여러 갈래가 있었어요. 토지 제도를 바꾸고 농업 생산력을 높이려 한 경세치용파, 수공업과 상업 등 실생활에 필요한 기술을 발전시키려 한 이용후생파, 청나라의 앞선 문물과 기술을 받아들여 나라를 발전시키려 한 북학파가 있었어요. 이러한 실학 사상은 조선을 변화시키고, 백성이 중심이 되는 사회로 나아가는 밑거름이 되었어요.

어휘 쏙쏙

- **임진왜란:** 1592년(선조 25년)에 도요토미 히데요시가 이끄는 일본군이 조선을 침략하며 시작된 7년간의 전쟁.
- **양천제:** 사람의 신분을 양인과 천민으로 구분하는 제도. 양인은 과거에 응시하여 벼슬길에 오를 수 있었고 세금 납세의 의무, 나라의 일에 노동력을 제공해야 함. 천민은 노비처럼 개인이나 국가에 소속되어 사람보다는 재산이나 물건처럼 여겨짐.
- **반상제:** 양반과 상민 사이에 차별을 두는 제도로 양반, 중인, 상민, 천민으로 신분을 나누는 제도.

개념 이해

1. 초성을 보고, 빈칸에 알맞은 말을 써 보세요.

조선 시대는 사람의 신분을 [ㅅ][ㅂ], 농민, 장인, [ㅅ][ㅇ]으로 구분했다.

2. 잘 읽고 맞게 설명한 것에는 O, 잘못된 설명에는 X를 선택하세요.

① 조선은 신분제의 나라이다. (O, X)

② 조선은 실학을 받아들이지 않았다. (O, X)

3. 조선 시대 신분제에 대해 잘못 말한 친구를 골라 ○표 하세요.

생각 톡톡

★ 친구들이 이야기를 나누고 있어요. (　) 안의 알맞은 것에 ○표 하세요.

만약 병자호란 전에 (실학, 잡학)이 연구되었다면
조선은 어떻게 되었을까?

그동안 조선은 한자 뜻을 외우고 시를 짓거나 글을 잘 쓰는
공부를 했잖아. 실질적인 학문인 (실학, 잡학)을
공부했다면 나라가 분명 더 튼튼해졌을 거야.

맞아. 새로운 무기도 만들고 성도 더 튼튼하게 쌓았다면
다른 나라에서 침입하기 어려웠을 거야.

(양반, 천민)들이 자기 신분을 지키려고 애쓰기보다
백성을 위해 더 힘썼다면 모두가 잘 사는 나라가
되었을 텐데 정말 안타까워.

논리적 글쓰기

★ 정조처럼 인조가 신분이 아니라 실력에 따라 사람을 등용하고 과학 기술을 발전시키며 백성을 위한 정책을 펼쳤다면 병자호란은 일어나지 않았을까요? 이 질문에 대한 자신의 생각을 써 보세요.

일어났을 것이다.	일어나지 않았을 것이다.
왜냐하면	왜냐하면

내가 토론왕

★ '병자호란은 막을 수 있었을까?'라는 주제로 생선 뼈 토론 방법에 따라 자신의 의견을 써 보세요.

생선 뼈 토론

어떤 문제의 원인과 결과를 분석한 뒤, 문제 해결을 위한 대안을 찾아보는 토론 방법이에요.

생선 등뼈를 그린 뒤, 등뼈에 가시를 붙이듯 문제의 원인과 해결 과제를 적습니다. 이런 과정을 통해 문제를 해결할 수 있는 대안을 찾아볼 수 있어요.

1. 생선 가시 그리기
2. 윗부분 큰 가시에는 사건 쓰기
3. 윗부분 잔가시에는 2번의 원인 쓰기
4. 아랫부분의 큰 가시에는 병자호란을 막기 위한 방법 쓰기

보기

1. 병자호란을 막을 수 있는 방법
2. 청나라가 조선을 침략함
3. 조선은 명나라와의 의리를 중요하게 생각함
4. 조선은 청나라를 멀리함
5. 인조는 식량 부족으로 청나라에 항복함
6. 청나라가 한양으로 쳐들어옴
7. 인조는 강화도로 피신하려고 했으나 못 감
8. 남한산성으로 피신함

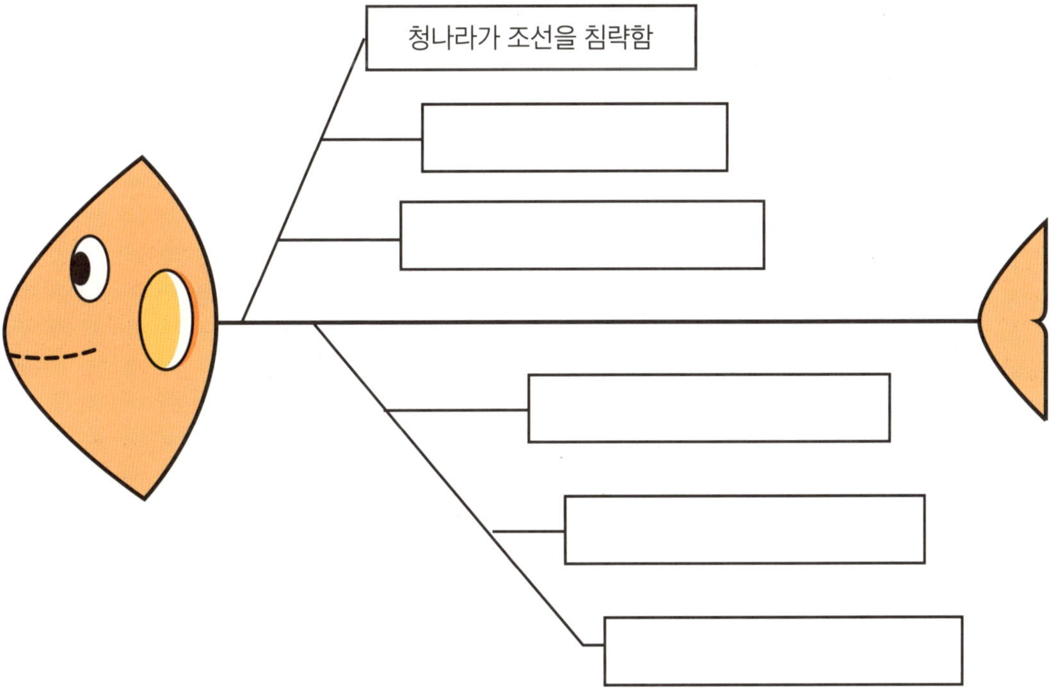

병자호란은 왜 일어났을까요?

임진왜란이 끝난 뒤 선조의 뒤를 이은 광해군은 전쟁으로 약해진 나라를 회복하기 위해 힘썼어요. 그 무렵 여진족이 북쪽에서 후금을 세우고 세력을 키우며 명나라를 공격했어요. 명나라는 조선에 도움을 요청했지만, 광해군은 강해진 후금과 충돌하면 조선이 다시 큰 피해를 입을 것이라 판단해 중립 외교를 펼쳤어요. 겉으로는 명나라를 돕는 척하면서도 후금과도 관계를 유지해 전쟁을 피하려 한 것이었지요. 그러나 일부 신하들은 이를 명나라에 대한 배신이라고 비난했고, 결국 광해군은 쫓겨나고 인조가 왕이 되었어요.

왕위에 오른 인조는 광해군과 달리 명나라에 충성을 다하며 후금을 멀리했어요. 이에 화가 난 후금은 1627년 조선을 침략했고, 이것이 '정묘호란'이에요. 정묘년에 오랑캐가 일으킨 전쟁이라는 뜻이지요. 후금의 군대가 한양까지 들이닥치자 인조는 강화도로 피신했고, 조선은 후금과 형제 관계를 맺으며 전쟁을 마칠 수밖에 없었어요.

하지만 후금은 더 강한 나라로 성장해 이름을 '청'으로 바꾸고, 조선에 형제 관계가 아닌 임금과 신하의 군신 관계를 요구했어요. 조선이 이를 거부하자 청나라의 황제는 직접 군사를 이끌고 다시 침략해 왔고, 이것이 1636년에 일어난 '병자호란'이에요. 인조는 강화도로 피하지 못하고 남한산성으로 들어가 버텼지만 식량이 부족해 결국 항복했어요. 병자호란은 명나라가 약해지고 청나라가 강해지는 국제 정세 속에서 조선이 겪은 큰 굴욕이자, 외교의 선택이 얼마나 중요한지를 보여 준 사건이에요.

역사적 궁금증 | 남한산성에는 식량이 얼마나 있었을까?

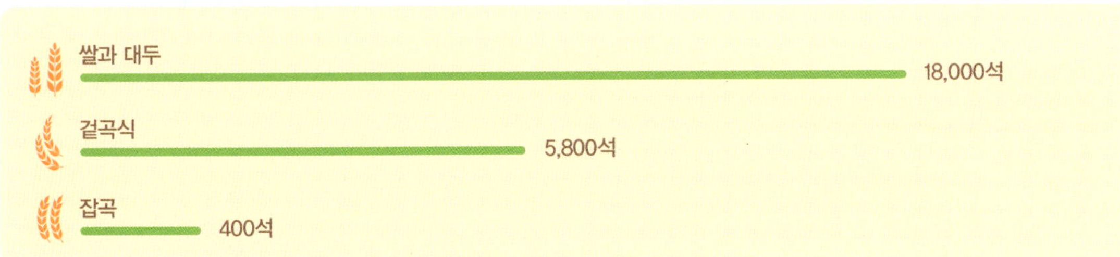

▲ 입성 직후, 남한산성 내 식량 사정

병자호란 때 인조는 강화도로 몸을 피하려고 했어요. 하지만 길이 막히자 어쩔 수 없이 남한산성으로 들어가 몸을 숨겼어요. 문제는 성 안에 보관된 식량의 양이었어요. 과연 얼마나 버틸 수 있었을까요?

당시 관리 나만갑이 보고한 식량의 양은 쌀과 콩을 합쳐 18,000석, 껍질을 벗기지 않은 겉곡식이 5,800석, 보리, 조, 수수 등의 잡곡이 400석이었어요. 이는 왕족과 400명의 신하, 그들의 노비, 1만 명의 군사가 약 60~70일 정도 먹을 수 있는 양으로 계산되었어요.

하지만 시간이 지나면서 성 안의 사람이 늘어나자 식량은 빠르게 줄어들었어요. 쌀과 콩은 불과 14일 정도면 모두 떨어질 만큼 부족했어요. 성 안의 동물들도 먹을 것이 없어 굶어 죽기 직전이었어요. 결국 인조는 전쟁에서 꼭 필요한 말까지 잡아 식량으로 쓰라는 명령을 내렸어요.

역사 상식 | 척화파와 주화파

	척화파	주화파
주요 인물	김상헌, 홍익한, 윤집, 오달제 등	최명길, 장유, 이성구 등
핵심 논리	오랑캐에게 무릎을 꿇고 삶을 구걸하는 것보다 싸우다 장렬히 죽는 것이 더 가치 있다고 주장했다.	백성과 종묘사직의 생존을 최우선 가치로 두었다. 외교적 실리를 통해 일단 화를 피하는 것이 현명하다고 주장했다.

여진족이 세운 후금은 명나라와 맞서며 힘을 키워 갔어요. 훗날 후금은 나라 이름을 '청'으로 바꾸고, 스스로를 황제의 나라로 부르기 시작했어요. 이 과정에서 청나라는 조선에게 명나라와의 관계를 끊으라고 요구했어요.

이때 조선의 조정은 두 갈래로 나뉘었어요. 하나는 척화파, 다른 하나는 주화파였어요. 척화파는 명나라와의 의리를 끝까지 지켜야 한다며 청나라와의 화친을 반대했어요. 김상헌 같은 인물이 대표적인 척화파였지요. 그들은 청나라와 친하게 지내는 것은 나라의 자존심을 버리는 일이라고 생각했어요.

반면 주화파는 백성을 전쟁의 고통에서 지키기 위해 청나라와 화친하자는 입장이었어요. 최명길은 전쟁이 나면 백성이 다치고 더 큰 어려움에 빠질 것이라며, 청나라의 요구를 받아들이자고 주장했어요. 병자호란이 일어나 인조와 대신들이 남한산성으로 피신했을 때에도, 조정 안에서는 척화파와 주화파의 치열한 논생이 계속되었답니다.

계기교육 02

문화재를 훼손했다면 처벌을 받아야 할까요?

문화재는 역사를 공부하는 중요한 자료이자 그 시대를 살았던 사람들의 생활 모습을 보여 주는 소중한 자산이에요. 최근 한 드라마 촬영팀이 안동의 병산서원에서 촬영을 진행하면서 문제가 발생했어요. 병산서원은 2019년 유네스코 세계 문화유산으로 등재된 곳으로, 조선 시대 성리학의 정신을 대표하는 서원 중 하나로 유교적 가치와 전통 건축미가 뛰어난 곳이에요.

하지만 촬영팀은 촬영 소품을 고정한다는 이유로 만대루와 나무 기둥에 무단으로 못질을 했어요. 결국 문화재를 훼손한 사실이 한 시민의 신고로 알려졌고, 이는 문화재 보호법 위반에 해당하는 일이었어요.

이 사건은 문화재를 지키는 일이 얼마나 중요한지 다시 한번 생각하게 해 줘요. 왜냐하면 문화재는 우리 조상의 삶과 생각, 그리고 문화가 담긴 귀중한 역사 자료이기 때문이에요. 누구든지 이를 소중히 다루고 지켜 나가야 해요. 이번 일을 계기로 문화재의 가치를 되새기고, 앞으로는 모두가 더 책임 있게 문화재를 보호하고 지키려는 태도를 갖게 되길 바랍니다.

함께 읽으면 좋은 책

- **『문화재 보따리 한국사』**, 유경희 글, 안지혜 그림, 한림출판사
- **『문화재 이름도 모르면서』**, 이재정 글, 나는책
- **『빼앗긴 문화재에도 봄은 오는가』**, 서해경 글, 이선주 그림, 풀빛미디어
- **『우리가 지켜낸 문화재』**, 정인수 글, 이선주 그림, 풀빛미디어
- **『우리의 유네스코 세계유산』**, 권동화 글, 임혜경 그림, 뭉치

3월

고려

국제 교류로 열린 바닷길

3월은 3 · 1 운동의 의미를 되새기는 달이에요. 삼일절은 1919년 3월 1일 일제의 억압에 맞서 비폭력 만세 운동을 벌인 날을 기념해요. 3 · 1 운동은 서울에서 시작해 전국과 해외로 퍼지며 독립 의지를 하나로 모았고, 대한민국 임시 정부 수립의 발판이 되었어요. 예로부터 우리 민족은 나라가 어려울 때마다 힘을 모아 위기를 극복해 왔어요. 고려 시대에도 몽골의 침략에 맞서기 위해 팔만대장경을 새겨 나라의 안녕을 기원했지요. 3월을 맞아 조상들의 굳은 의지와 마음을 떠올려 보세요.

01 사건 탐구

국제 무역의 중심지, 벽란도

키워드: 고려, 벽란도, 은병

▲ 고려의 해상 활동

고려 시대에는 다른 나라와 물건을 사고파는 **교역**이 활발했어요. 고려는 중국의 송나라와 가깝게 지냈는데, 만약 물건을 교역할 때 육로로 가려면 도중에 거란족이나 여진족의 공격을 받을 위험이 있었어요. 그래서 주로 뱃길을 이용해 왕래했지요.

그중에서도 무역의 중심지는 바로 벽란도였어요. 벽란도는 지금의 북한 개성시 개풍군 예성강 **하구**에 있는 항구로, 송나라뿐만 아니라 일본, 아라비아, 동남아시아 등 여러 나라와 무역이 이루어진 국제 무역항이었어요. 송나라, 아라비아, 동남아시아 등 먼 나라에서 온 상인들이 이곳에서 물건을 사고팔았고, 고려는 금, 은, 인삼, **나전 칠기**, 종이, 돗자리 같은 귀한 물건을 수출했어요.

이때 무역에서 중요한 역할을 한 것이 있었어요. 바로 화폐 은병(은화)이에요. 은병은 고려 숙종 때 처음 만들어진 화폐로, 병 모양을 닮았다고 해서 은병이라고 불렸고, 입구가 넓어 활구라고도 불렸어요. 은병 한 개의 가치는 당시 **포목** 100필에 해당할 만큼 매우 큰 금액이었어요. 그래서 주로 큰 거래나 외국과의 무역, 국가 **재정**에 사용되었고, 일반 백성이 일상적으로 쓰는 화폐는 아니었어요.

은병은 순도 높은 은 1근으로 만들어졌고, 고려는 은의 함량을 철저히 관리하며 위조 방지를 위해 인증 표시까지 했어요. 하지만 시간이 지나면서 은병을 흉내 낸 위조품이 등장했고, 소액 거래를 위해 은을 잘라 사용하는 쇄은도 유통되었어요. 쇄 한 조각의 가치는 쌀 5~6가마니에 해당했다고 해요.

어휘 쏙쏙

- **교역**: 나라와 나라 사이에서 물건을 사고팔고 하여 서로 바꾸는 것.
- **하구**: 하천이 바다나 호수 등 다른 수역으로 흘러드는 부분.
- **나전 칠기**: 조개 껍데기를 얇게 갈아 여러 형태로 오려 내어 나무 같은 곳 위에 붙이고 옻칠을 한 공예품.
- **포목**: 옷을 만드는 천.
- **재정**: 국가가 돈을 모으고 쓰는 것과 관련된 모든 수입과 지출 활동.

개념 이해

1. 고려 시대 벽란도와 교역하지 않았던 나라는 어디일까요?

① 송나라 ② 일본 ③ 아라비아 ④ 러시아

2. 초성을 보고, 빈칸에 알맞은 말을 써 보세요.

고려 시대에 [ㅂ] [ㄹ] [ㄷ] 는 세계적인 국제 무역항이다.

3. 내가 고려 시대 무역상이라면 벽란도에서 어떤 나라와 어떤 물건을 사고팔았을까요? 그때의 모습을 상상하며 써 보세요.

<table>
<tr><td>고려</td><td colspan="2">금, 은, 인삼, 나전 칠기, 종이, 돗자리 등을 수출</td></tr>
<tr><td>송나라</td><td colspan="2">비단, 도자기, 책, 약재, 악기 등을 수입</td></tr>
<tr><td rowspan="3">내가 고려 시대 무역을 하는 상인이었다면?</td><td>어느 나라와 거래를 했을까요?</td><td></td></tr>
<tr><td>무엇을 팔았을까요?</td><td></td></tr>
<tr><td>무엇을 샀을까요?</td><td></td></tr>
</table>

생각 톡톡

★ 친구들이 이야기를 나누고 있어요. ( ) 안의 알맞은 것에 ○표 하세요.

고려는 정말 대단한 나라였어.

맞아. 훌륭한 문화재도 많이 만들었고, 다른 나라와 (무역, 경제)까지 해서 돈을 벌었다니 정말 멋져.

고려 사람들의 열린 생각이 마음에 들어.

맞아. 우리의 좋은 것을 나누고, 다른 나라의 좋은 것을 받아들여서 나라가 더 발전하고 잘살 수 있었던 거라 생각해.

심화 탐구

★ 다음은 무엇일까요? 이 자료들과 관련 있는 것이 무엇인지 골라 보세요.

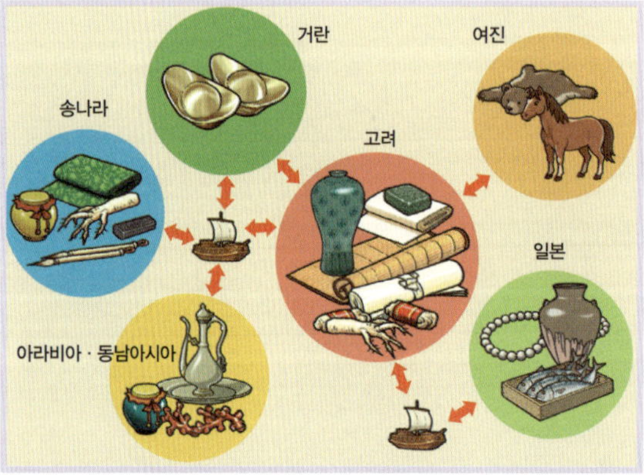

▲ 송나라, 일본, 동남아시아와 거래할 때 사용

▲ 고려 시대 화폐

① 조개껍데기 ② 은병 ③ 엽전 ④ 쌀

논리적 글쓰기

★ 외국과 무역을 하는 것이 나라에 꼭 필요한 이유에 대한 글을 읽고, 마지막 문장을 알맞게 완성해 보세요.

저는 외국과 무역을 하는 것이 나라에 꼭 필요하다고 생각합니다.

첫째, 우리나라에서 만들지 못하는 물건을 외국에서 가져올 수 있기 때문입니다. 예를 들어, 코코아나 커피 같은 것은 우리나라에서 잘 자라지 않지만 무역을 하면 외국에서 들여올 수 있습니다.

둘째, 우리나라에서 잘 만드는 물건을 외국에 팔아서 돈을 벌 수 있습니다. 고려 시대 벽란도에서 은병을 사용해 금, 인삼, 나전 칠기 같은 것을 팔고 비단이나 향료를 가져온 것처럼, 무역은 나라 경제에 도움이 됩니다.

셋째, 무역을 하면 다른 나라의 문화를 배우고 우리의 문화도 알릴 수 있습니다. 이렇게 서로 교류하면 더 친해지고 평화롭게 지낼 수 있습니다.

그래서 저는

쉬어 가기

★ 벽란도에서 교역한 물품 네 가지(약재, 인삼. 책, 도자기)를 찾아보세요.

02

국가유산 탐구

팔만대장경의 비밀

키워드: 몽골, 불교, 팔만대장경, 해인사

▲ 해인사 장경판전에 보관된 팔만대장경

고려 현종 때 **거란**이 쳐들어왔어요. 고려 사람들은 부처님의 힘으로 나라의 위기를 극복하고자 했어요. 그래서 부처님의 가르침을 새긴 대장경을 만들었는데, 이것을 초조대장경(처음 만든 대장경)이라고 불러요. 다행히 고려는 거란의 침입을 물리쳤지만 1232년(고종 19년) 몽골의 침입으로 초조대장경은 불타 없어지고 말았어요. 불교 국가였던 고려는 다시 부처님께 나라를 지켜 달라고 빌며 대장경을 새기기 시작했어요. 이 작업은 1237년에 시작해 오랜 세월 동안 이어졌고, 모두 8만여 장의 **목판**으로 이루어져 있어 팔만대장경이라고 불려요.

팔만대장경을 만드는 과정은 정성의 결정체예요. 엄청난 양의 나무가 필요했는데, 벌레 피해를 막기 위해 나무를 바닷물에 3년간 담갔다가 꺼내 소금물에 쪄서 준비했어요. 이후 판 위에는 앞뒤로 각각 23줄, 한 줄에 14자씩 모두 644자를 새겼어요. 글자 하나를 새길 때마다 세 번 절을 올렸다고 해요. 그렇게 새겨진 글자 수는 무려 5,233만 152자에 달했는데, 크기와 모양이 한 사람이 쓴 것처럼 일정했어요. 마지막으로 경판에는 **옻칠**을 하고, 네 모서리를 구리판으로 고정해 나무가 뒤틀리지 않게 했어요. 하지만 무엇보다 중요한 것은 보관이었어요. 13세기에 만들어진 목판이 지금까지 온전히 보존된 것은 해인사 장경판전의 과학적인 설계 덕분이에요. 장경판전은 통풍과 습도 조절이 잘 되도록 지어져 목판이 썩거나 훼손되지 않았지요. 현재 팔만대장경은 국보 제32호로 지정되어 있으며, 유네스코 **세계 기록 유산**에도 등재되어 그 가치를 인정받고 있어요.

어휘 쏙쏙

- **거란**: 내몽골에 살던 유목 민족으로 요나라를 건국한 후 고려에 3차례 쳐들어 옴.
- **목판**: 나무에 글이나 그림 따위를 새긴 인쇄용 판.
- **옻칠**: 옻나무에서 채취한 수액을 물건에 바르는 것.
- **세계 기록 유산**: 전 세계적으로 중요한 가치를 지닌 기록물을 보존하기 위해 유네스코가 지정한 유산.

개념 이해

1. 초성을 보고, 빈칸에 알맞은 말을 써 보세요.

몽골의 침입을 막기 위해 불교의 나라였던 고려가 부처님의 힘으로 적을 무찌르기 위해 만든 것은 ㅍ ㅁ ㄷ ㅈ ㄱ 이다.

2. 잘 읽고 맞게 설명한 것에는 O, 잘못된 설명에는 X를 선택하세요.

① 팔만대장경이 보관된 곳은 해인사 장경판전이다. (O, X)

② 팔만대장경은 우리나라 최초의 대장경판이다. (O, X)

3. 고려 사람들은 부처님의 힘으로 전쟁을 막을 수 있다고 믿으며 팔만대장경을 새겼어요. 팔만대장경을 만든 고려 사람들에게 하고 싶은 말을 써 보세요.

생각 톡톡

★ 친구들이 이야기를 나누고 있어요. (　) 안의 알맞은 것에 ○표 하세요.

전쟁 속에서 (팔만대장경, 첨성대)을 새긴 고려 사람들이 대단한 것 같아.

맞아, 어떤 사람은 돈으로 정성을 모았고, 어떤 사람은 직접 나무를 베어 날랐고, 어떤 사람은 글자를 하나하나 새기면서 모두 한마음으로 전쟁의 승리를 기원했대.

나는 옛날에 만든 팔만대장경이 썩지 않고 지금까지 보존된 것도 참 신기하다고 생각해.

맞아. 여러 번 (해인사, 불국사)에 화재가 났지만 장경판전은 불에 타지도 않았다잖아. 해인사 장경판전을 만든 우리 조상들의 과학적 건축술에 감탄이 나와.

심화 탐구

★ 목판 인쇄 과정이에요. 순서대로 번호를 넣어 보세요.

글자 새기기 (　)

나무 자르기 (　)

인쇄하기 (　)

목판 마무리 (　)

논리적 글쓰기

★ 팔만대장경을 만들 때 글자 하나를 새길 때마다 세 번 절하며 정성을 다했다고 해요. 여러분도 그렇게 정성을 들였던 경험이 있다면 간단하게 써 보세요.

쉬어 가기

★ 팔만대장경을 만든 정성을 생각하며 색칠해 보세요.

03

타임머신

몽골의 침입, 어떻게 맞섰을까?

키워드: 윤관, 별무반, 삼별초, 대몽항쟁

▲ 강화 고려궁지 © 국가유산청

고려 시대 북쪽에서는 몽골이 대륙을 통일하고 세력을 넓히는 과정에서 고려를 여러 차례 침략했어요. 당시 고려의 군대는 주로 **보병**이었지만 거란은 **기병**이 많았지요. 이에 고려는 여진에 대항하기 위해 특별 부대인 별무반을 만들었고, 장군 윤관이 별무반을 이끌고 여진을 **정벌**했지요.

한편 시간이 흐르자 몽골이 세력을 키워 나가고 있었어요. 몽골을 피해 거란이 고려로 들어오자, 고려는 몽골과 힘을 합쳐 거란을 물리쳤어요. 그 뒤 고려는 몽골과 외교 관계를 맺었어요. 그런데 어느 날, 몽골 **사신**이 귀국하던 중 살해되는 사건이 일어났어요. 이를 구실로 몽골은 고려를 침략했어요.

바다를 경험해 보지 못한 몽골에 저항하기 위해 고려는 수도를 강화도(이때 **강화 고려궁지**를 지었다)로 옮겼어요. 곳곳에서 항전이 이어졌는데, 김윤후는 처인성에서 몽골군 장수를 사살했고, 충주성에서는 노비들을 백성으로 **면천**시켜 주며 함께 싸워 몽골군을 물리쳤어요. 하지만 오랜 전쟁으로 백성의 고통은 극에 달했고, 고려의 국력도 버티기 어려웠어요.

이때 특별 부대였던 삼별초는 개경 **환도**에 반대하며 끝까지 항전을 이어갔어요. 그들은 근거지를 강화도에서 진도, 다시 제주도로 옮겨 가며 끈질기게 싸웠지만, 결국 고려와 몽골 연합군에 의해 진압되고 말았어요. 비록 패배했지만 외적의 침략 앞에서 항복하지 않고 끝까지 나라를 지키려고 했던 삼별초의 숭고한 정신은 지금까지도 길이 빛나고 있어요.

어휘 쏙쏙

- **보병**: 걷거나 뛰면서 싸우는 병사.
- **기병**: 말을 타고 싸우는 병사.
- **정벌**: 적 또는 죄 있는 무리를 무력으로써 침.
- **사신**: 임금이나 국가의 명령을 받고 외국에 사절로 가는 신하.
- **강화 고려궁지**: 고려 왕실이 몽골의 침략에 맞서기 위해 수도를 강화도로 옮겼을 때 세운 궁궐.
- **면천**: 천민의 신분은 면하고 평민이 됨.
- **환도**: 다시 수도로 돌아오는 것.

개념 이해

1. 고려가 여진에 대항하기 위해 만든 군대 이름은 무엇인가요?

① 삼별반　　② 별무반　　③ 별천반　　④ 별빛반

2. 잘 읽고 맞게 설명한 것에는 O, 잘못된 설명에는 X로 표시해 주세요.

① 고려의 군사는 보병이 많았고, 거란의 군사는 기병이 많았다. (O, X)

② 여진족은 고려와 전쟁하지 않았다. (O, X)

3. 몽골의 침입에 대해 잘못 말한 친구를 골라 O표 하세요.

아현	재민	민호	시은

생각 톡톡

★ 친구들이 이야기를 나누고 있어요. (　) 안 안의 알맞은 것에 ○표 하세요.

(고려, 발해)는 거란, 여진, 몽골 등 많은 나라의 침략을 받았어.

맞아. 하지만 그때마다 우리 백성들은 나라를 위해 끝까지 싸웠지.

모든 일이 성공으로 이어지지는 않았지만 맞서 싸운 것만으로도 가치가 있는 것일까?

그럼! 나라를 지키려는 백성들의 의지는 분명 지배층에게도 힘이 되었을 거고, (외적, 왜군)에게는 위협이 되었을 거야.

논리적 글쓰기

★ 나라에 외적이 침입했을 때, 목숨을 걸고 끝까지 맞서 싸우는 것은 옳은 일일까요? 찬성과 반대 중 하나를 선택하고, 그렇게 생각한 이유를 써 보세요.

찬성/반대	이유

내가 토론왕

★ '고려가 몽골의 침략에 맞서 끝까지 싸운 것이 미래를 바꾸었을까?'라는 주제로, 〈보기〉를 참고하여 학습 과정을 정리하고, 그에 대한 자신의 생각을 써 보세요.

보기

학습 전	
생각 (단어나 문장)	침략에 맞서 싸운 것은 미래를 바꾸지 못했다.
	몽골
	삼별초
질문	목숨보다 소중한 가치가 있는가?
	싸움에서는 이기는 것이 중요한 게 아닌가?
비유	우리 민족의 애국심은 단단한 돌과 같다.

학습 후	
생각 (단어나 문장)	1
	2
	3
질문	1
	2
비유	3

3·1 운동, 나라를 되찾기 위한 외침

제1차 세계 대전이 끝난 뒤, 전쟁에서 패한 나라들의 식민지들이 잇따라 독립하자 우리 민족도 독립할 수 있다는 희망을 가지게 되었어요. 이에 종교계 대표들과 학생들은 고종의 장례식을 계기로 대규모 만세 시위를 준비했어요.

1919년 3월 1일 오후 2시, 서울 탑골 공원에는 수천 명의 학생과 시민이 모여 독립 선언식을 기다렸어요. 그러나 민족 대표 33인은 시위 도중 폭력 사태가 일어날 것을 걱정해 인근 태화관에서 독립 선언식을 열었어요. 이들은 독립 선언서를 낭독하고 "대한독립 만세!"를 외친 뒤 스스로 일본 경찰에 체포되었어요.

탑골 공원에 모여 있던 시민과 학생 200여 명은 민족 대표들이 나타나지 않자 직접 팔각정에 올라 독립 선언서를 낭독했어요. 선언이 끝나자 사람들은 거리로 나와 "대한독립 만세!"를 외쳤고, 서울 시내는 순식간에 만세의 함성으로 가득 찼어요. 남녀노소, 학생과 어른, 어린이까지 모두가 거리로 나와 한마음으로 외쳤어요.

이날의 함성은 서울을 넘어 평양, 원산, 의주 등 전국으로 퍼졌고, 3월 5일에는 서울에서 또 한 번 대규모 시위가 일어났어요. 학생들은 등교를 거부하고 거리로 나왔으며, 상인들은 가게 문을 닫고, 노동자들은 파업을 하며 참여했어요. 농촌의 장터에서도 사람들은 태극기를 흔들며 "대한독립 만세!"를 외쳤어요.

이 만세 운동의 물결은 국경을 넘어 만주, 연해주, 미국, 일본 등 해외까지 퍼져 나갔어요. 일본은 이를 막기 위해 계엄령을 내리고 헌병과 경찰을 동원해 평화적인 시위를 총칼로 무력 진압했어요. 비록 만세 운동은 일본의 탄압으로 좌절되었지만 우리의 독립 의지를 세계에 알리는 계기가 되었어요.

역사적 궁금증 | 독립 선언서는 어떻게 전달되었을까?

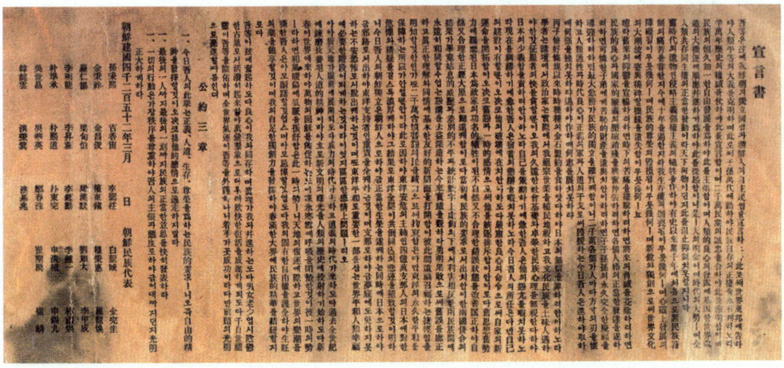

▲ 3·1 독립 선언서 ⓒ 독립기념관

1919년 3 · 1 운동 당시, 보성사에서 인쇄된 독립 선언서는 모두 2만 1천 장이었어요. 그러나 전국에서 필요한 양을 모두 채우기에는 부족했기 때문에, 각 지역에서는 전달받은 선언서를 다시 등사해서 배포했어요. 이렇게 만들어진 등사본 선언서는 만세 시위가 빠르게 퍼지는 데 큰 역할을 했어요.

등사본 선언서는 원문보다 내용을 간략히 줄이고, 사람들이 쉽게 이해할 수 있도록 '세계 개조', '민족 자결', '정의 · 인도' 같은 핵심 문구를 담았어요. 종이 크기도 작아서 현장에서 바로 읽고 곧바로 만세 시위에 나설 수 있도록 제작되었어요.

이 선언서를 등사하는 일은 주로 면서기, 교사, 학생, 종교인들이 맡았어요. 하지만 일본은 이런 행동을 출판법 위반으로 보고 엄하게 처벌했어요. 선언서를 소지하는 것만으로도 범죄가 되었기 때문에, 오늘날까지 남아 있는 등사본 독립 선언서는 매우 드물어요.

인물 탐구 | 만세 운동에 앞장선 독립운동가 유관순

1905년 을사늑약과 1910년 한일 병합 조약(경술국치) 대한제국의 주권을 빼앗은 일본은 독립운동가들을 투옥하기 위해 1908년 경성 감옥(현 서대문 형무소)을 세웠어요. 1919년 3 · 1 운동이 일어난 이후에는 수많은 애국지사를 가두기 위해 감옥을 확장했고, 이곳은 독립운동 탄압의 상징적인 장소가 되었어요.

유관순은 이화학당에서 공부하던 학생이었어요. 1919년 3월 1일, 서울 탑골 공원에서 열린 만세 운동에 참여했어요. 이후 학교에 휴교령이 내려지자 고향인 천안으로 내려가 가족들과 함께 만세 운동을 이어갔어요.

유관순은 손수 태극기를 그려 사람들에게 나눠 주며 만세 시위를 이끌었어요. 1919년 4월 1일, 아우내 장터에서 만세 운동을 주도하다가 일본 경찰에 체포되었어요. 이후 감옥에서 모진 고문과 옥살이를 견디다 1920년, 열일곱 살의 나이로 세상을 떠났어요.

▲ 수감 당시 유관순

계기교육 03

만세 운동은 왜 한 걸까요?

1910년, 대한 제국의 국권을 강제로 빼앗은 일본은 경찰과 군대를 앞세워 조선 사람들을 감시하고 괴롭혔어요.

한편 제1차 세계 대전이 끝난 뒤, 미국의 윌슨 대통령이 "각 민족은 스스로의 운명을 결정해야 한다"는 민족 자결주의를 발표했어요. 이 말은 독립운동가들에게 큰 희망이 되었고, 많은 이들이 독립운동에 필요한 자금을 모으거나 독립 선언을 준비하기 시작했어요. 그런 가운데 1919년 초, 고종 황제가 갑자기 세상을 떠났어요. 백성들은 일본이 독살했다는 의심과 깊은 분노 속에 경성으로 모여들었어요.

또한 일본에 유학 중이던 학생들이 2월 8일 독립 선언서를 발표했고, 이를 계기로 국내에서도 민족 대표들이 독립운동을 결심했어요. 마침내 1919년 3월 1일, 민족 대표 33인은 독립 선언서를 낭독하며 조선의 독립을 세계에 알렸어요. "대한 독립 만세!"의 외침은 삽시간에 전국으로 번졌고, 남녀노소 구분 없이 많은 사람이 만세 시위에 참여했어요.

3 · 1 운동은 비폭력 평화 운동이었지만, 일본은 총과 칼로 시위를 진압하며 약 2만 명의 사상자를 냈고 5만 명이 넘는 사람을 체포했어요. 그럼에도 만세 운동은 멈추지 않았고, 몇 달 동안 전국 곳곳에서 계속되었어요.

3 · 1 운동은 나라를 잃은 백성들이 하나 되어 자유와 자주독립을 외친 역사적인 사건이에요. 비록 일제의 탄압으로 아쉽게 막을 내렸지만, 이 운동은 이후 독립운동을 이어 가는 거대한 불씨가 되었어요.

함께 읽으면 좋은 책

- **『3.1 운동 일기』**, 김영숙 글, 장경혜 그림, 풀빛
- **『그날 아이가 있었다』**, 윤숙희 글, 홍하나 그림, 아이앤북
- **『언제나 3월 1일』**, 장경선 글, 신민재 그림, 리틀씨앤톡
- **『우리가 알아야 할 3 · 1 만세 운동』**, 김명옥 외 글, 박세영 그림, 꼬마이실

4월

현대 ①

국민이 만든 민주주의, 4·19 혁명

4월은 과학의 달이자 민주주의의 가치를 되새기는 달이에요. 1960년 4 · 19 혁명은 부정 선거에 맞서 학생과 시민이 일어나 민주주의의 기틀을 세운 중요한 사건이에요. 또 조선 시대 과학자들은 천문, 수학, 농업 등 다양한 분야에서 연구를 이루어 우리 과학의 기초를 다졌어요. 이번 달에는 자유와 과학의 정신을 함께 배우며 우리의 미래를 만들어 가는 지혜를 키워 보세요.

01

사건 탐구

이승만 정권과 4·19 혁명

키워드: 부정 선거, 시위, 하야

▲ 국회의사당 앞에서 결의문을 낭독하는 고려대 학생들
© 국가기록원

오늘날 우리는 선거를 통해 대통령과 국회의원을 뽑고, 자유롭게 의견을 표현하며 사회 문제에 목소리를 낼 수 있어요. 그러나 이러한 민주주의는 저절로 이루어진 것이 아니에요. 수많은 사람의 희생과 노력으로 지켜 낸 결과예요.

1960년 3월, 제4대 대통령 선거가 있었어요. 하지만 집권 중이던 이승만 정부와 자유당은 권력을 유지하기 위해 **부정 선거**를 계획했어요. 투표함을 바꾸거나 표를 조작하는 일이 전국 곳곳에서 벌어졌고, 시민들의 분노가 점점 커져 갔어요.

1960년 3월 15일, 마산에서는 부정 선거에 항의하는 **시위**가 일어났어요. 이때 경찰은 시위대를 강제 진압했고, 그 과정에서 고등학생 김주열이 최루탄에 맞아 숨진 채 마산 앞바다에서 발견되었어요. 이 사건은 국민의 분노를 전국적으로 확산시키는 계기가 되었어요. 이어 1960년 4월 18일, 서울에서 시위를 마치고 학교로 돌아가던 고려대학교 학생들이 정치 깡패들의 습격을 받는 사건이 발생했어요. 그 결과 전국의 학생과 시민들이 거리로 쏟아져 나와 "부정 선거를 다시 하라", "이승만 대통령은 물러나라"라고 외쳤어요. 경찰의 총격으로 많은 희생자가 생겼지만 결국 이승만 대통령은 **하야**를 선언했어요. 이 사건을 4·19 혁명이라고 불러요. 국민의 힘으로 독재를 무너뜨리고 민주주의를 지켜 낸 역사적인 사건이었지요. 4·19 혁명은 우리나라가 민주주의로 나아가는 중요한 **전환점**이 되었고, 오늘날 우리가 자유롭게 살아가는 밑바탕이 되었어요.

어휘 쏙쏙

- **부정 선거**: 정당하지 못하고 규칙을 어긴 선거.
- **시위**: 많은 사람이 모여 의견을 표현하거나 항의하는 행동.
- **하야**: 대통령이나 지도자가 직책에서 물러남.
- **전환점**: 상황이 크게 바뀌는 계기나 중요한 시기.

개념 이해

1. 초성을 보고, 빈칸에 알맞은 말을 써 보세요.

ㅁ ㅈ ㅈ ㅇ 는 국민의 힘으로 독재를 끝내고 지킨 소중한 가치이다.

2. 잘 읽고 맞게 설명한 것에는 ○, 잘못된 설명에는 X로 선택하세요.

① 4·19 혁명은 1960년 부정 선거에 항의해 일어난 사건이다. (○, X)

② 4·19 혁명은 우리나라 민주주의 발전에 중요한 전환점이 되었다. (○, X)

3. 4·19 혁명은 국민이 힘을 모아 민주주의를 지켜 낸 사건이에요. 여러분이 지키고 싶은 민주주의의 가치와 그 이유를 써 보세요.

예

민주주의의 가치	이유
자유	내가 하고 싶은 말을 마음껏 할 수 있어서 좋아요.

민주주의의 가치	이유

생각 톡톡

★ 친구들이 이야기를 나누고 있어요. ( ) 안의 알맞은 것에 ○표 하세요.

1960년에 학생들이 거리로 나선 이유가 뭐였을까?

(부정 선거, 직접 선거)를 막고 민주주의를 지키기 위해서였어.

위험하지만 국민의 (권리, 책임)와 나라를 지키고 싶었기 때문인 것 같아.

심화 탐구

★ 1960년 3월 15일, 이승만 정권이 다음과 같이 부정 선거를 한 까닭은 무엇일까요? 나의 생각을 써 보세요.

▲ 미리 투표하기

▲ 짝을 지어 공개 투표하기

▲ 투표함 바꿔치기

논리적 글쓰기

★ '국민의 권리를 지키는 것은 나라를 지키는 것이다'라는 말에 동의하나요? 찬성과 반대 중 하나를 선택하고, 그렇게 생각한 이유를 써 보세요.

찬성/반대	이유

TIP 주장(찬성하는지, 반대하는지) , 이유(그렇게 생각하는 이유 2가지 이상), 결론으로 써 보세요.

쉬어 가기

★ 4·19 혁명 당시 수송초등학교 학생들이 시위에 나섰어요. 이때 전한승 학생이 경찰이 쏜 총에 맞아 죽음을 맞았어요. 전한승 군에게 편지를 써 보세요.

02

국가유산 탐구

4·19 혁명 기록물

기록물, 세계 기록 유산, 민주주의, 보존

▲ 4·19 혁명 기록물 자료 © 국가유산청

4 · 19 **혁명**은 부정 선거에 맞서 국민이 민주주의를 지켜 낸 역사적인 사건이에요. 그 과정에서 찍힌 사진, 작성된 문서, 신문 기사, 시위 현수막 등은 그날의 뜨거운 열기와 긴박한 상황을 오늘날까지 생생하게 전해 주는 소중한 기록이 되었어요.

이 기록들은 4 · 19 혁명의 전개 과정을 잘 보여 줘요. 부정 선거의 실태부터 시민과 학생들의 시위 장면, 당시 정부의 대응, 이승만 대통령의 하야 선언까지 민주주의를 향한 투쟁의 전 과정이 담겨 있어요. 이러한 기록 덕분에 우리는 과거의 민주주의 투쟁 과정을 정확히 이해할 수 있고, 그 의미를 다음 세대에 전할 수 있게 되었어요.

2023년, 4 · 19 혁명 **기록물**은 유네스코 세계 기록 유산으로 등재되었어요. 세계 기록 유산은 인류가 함께 보존해야 할 귀중한 기록을 지정하는 제도로, 4 · 19 혁명 기록물은 우리나라뿐만 아니라 전 세계 사람들이 민주주의와 인권의 가치를 배우는 데 중요한 자료예요.

현재 4 · 19 혁명 기록물은 국립중앙도서관, 국가기록원, 여러 대학과 연구 기관에서 잘 **보존** · 전시되고 있어, 시민 누구나 이 자료를 직접 확인할 수 있어요. 이러한 기록은 단순한 과거의 흔적이 아니라 우리가 앞으로도 민주주의를 굳건히 지켜 나가야 한다는 소중한 약속을 담고 있어요.

어휘 쏙쏙

- **혁명:** 사회나 생활 방식이 짧은 기간에 크게 바뀌는 일.
- **기록물:** 사건이나 사실을 남긴 문서, 사진, 영상 등을 말함.
- **보존:** 원래 상태를 잘 지켜서 간직하여 남함.

개념 이해

1. 초성을 보고, 빈칸에 알맞은 말을 써 보세요.

4·19 혁명 기록물은 2019년에 ㅇ ㄴ ㅅ ㅋ 세계 기록 유산으로 등재되었다.

2. 잘 읽고 맞게 설명한 것에는 O, 잘못된 설명에는 X로 선택하세요.

① 4·19 혁명 기록물은 1960년에 유네스코 세계 기록 유산이 되었다. (O, X)

② 세계 기록 유산은 전 세계 사람들이 보존해야 하는 중요한 기록을 말한다. (O, X)

3. 4·19 혁명에 대해 잘못 말한 친구를 골라 O표 하세요.

4·19 혁명은 1960년 3월 15일에 있었던 부정 선거를 두고 학생과 시민들이 거리에 나와 시위를 벌인 사건이야.

아현

4·19 혁명은 시민이 적극적으로 참여하여 이승만 독재 정권을 무너뜨렸어.

재민

4·19 혁명은 일제 강점기에 대한 분노로 일어난 시위야.

민호

생각 톡톡

★ 친구들이 이야기를 나누고 있어요. ( ) 안의 알맞은 것에 ○표 하세요.

(4·19, 3·1) 혁명 기록물이 왜 세계 기록 유산이 되었을까?

(민주주의, 공산주의)를 지키기 위해 싸운 국민들의 모습을 그대로 보여 주기 때문이야.

우리나라에서만 중요한 게 아니라는 거지?

맞아. 전 세계가 함께 보존해야 하는 소중한 기록이지.

심화 탐구

★ 4·19 혁명 기록물을 직접 찾아보세요. 사진, 문서, 신문 기사, 시위 장면 중 하나를 살펴본 뒤, 그때 느낀 감정과 생각을 써 보세요. '무엇을 보았는지', '왜 인상 깊었는지', '어떤 생각이 들었는지'를 중심으로 써 보세요.

4 · 19 혁명 기록물 감상문	
무엇을 보았나요?	
왜 인상 깊었나요?	
어떤 생각이 들었나요?	

논리적 글쓰기

★ '역사 기록을 지키는 것은 민주주의를 지키는 것이다'라는 말에 동의하나요? 찬성과 반대 중 하나를 선택하고, 그렇게 생각한 이유를 써 보세요.

찬성/반대	이유

쉬어 가기

★ 내가 만약 4·19 혁명 시대에 있었다면 무엇이라고 외쳤을까요? 그때의 상황을 상상하며 나만의 슬로건을 만들어 보세요.

TIP 슬로건은 글자 수 10자 안팎으로 짧게! 감정이 잘 느껴지게 힘 있게! 무엇을 말하는지 바로 알 수 있도록 명확하게! 만들면 됩니다.

03

타임머신

조선의 천재 과학자들을 만난다면?

키워드: 측우기, 자격루, 앙부일구, 거중기, 혁명

▲ 앙부일구 © 국가유산청

4 · 19 혁명이 부정 선거를 무너뜨리고 민주주의를 지켜 낸 사건이었다면, 조선 시대에도 세상을 더 나은 방향으로 바꾼 또 하나의 혁명이 있었어요. 바로 과학과 발명에서 비롯된 혁명이었어요. 조선에는 하늘과 땅을 연구하며 백성의 삶을 편리하게 만든 뛰어난 과학자들이 있었어요.

먼저 장영실은 세종 대왕의 명을 받아 백성의 생활에 꼭 필요한 발명품을 만들었어요. 비의 양을 재는 **측우기**는 농사 시기를 정확히 알 수 있게 해 주어 풍년을 이루는 데 큰 역할을 했어요. 물의 흐름으로 시간을 알려 주는 **자격루**, 해 그림자로 시간을 재는 **앙부일구**는 글을 모르는 백성도 누구나 시간을 확인할 수 있게 해 주었지요. 덕분에 사람들은 일을 효율적으로 하고, 생활을 계획할 수 있었으며, 왕과 관료에게 집중되던 지식과 기술이 백성에게까지 퍼지는 사회적 혁신이 이루어졌어요.

정약용은 무거운 돌을 손쉽게 들어 올릴 수 있는 거중기를 고안했어요. 이 발명품은 다리나 성곽을 짓는 데 큰 도움을 주어 건설 속도를 높이고 인력 소모를 줄였으며, 나라의 토목 기술 발전에 크게 기여했어요. 특히 거중기는 수원 화성을 지을 때 이용되었어요.

이들의 발명품은 단순한 도구가 아니라 사람들의 생활 방식을 바꾸고 사회를 한 단계 발전시킨 혁명이었어요. 정치가 국민의 권리를 지키는 데 기여한다면 과학과 발명은 사람들의 삶을 풍요롭게 하고 기회를 넓히는 또 다른 길이라고 할 수 있어요.

어휘 쏙쏙

- **측우기**: 빗물을 모아 양을 재는 기구.
- **자격루**: 물의 흐름을 이용해 시간을 알리는 자동 물시계.
- **앙부일구**: 해의 그림자로 시간을 재는 해시계.

개념 이해

1. 초성을 보고, 빈칸에 알맞은 말을 써 보세요.

장영실은 [ㅅ][ㅈ] [ㄷ][ㅇ]의 명을 받아 백성의 생활에 꼭 필요한 발명품을 만들었다.

2. 잘 읽고 맞게 설명한 것에는 ○, 잘못된 설명에는 X로 선택하세요.

① 정약용은 측우기, 앙부일구를 만들었다. (○, X)

② 정약용은 무거운 것을 손쉽게 들어올리는 거중기를 고안했다. (○, X)

3. 나는 조선 시대에 여러 가지 발명품을 만들었어요. 다음 힌트를 보고 내가 누구인지 맞혀 보세요.

자격루, 앙부일구
측우기를 만들었어.

세종 대왕이
한양으로 불러 벼슬을
내렸어.

조선에서 가장
신분이 낮고 천대받던
노비였어.

고장 난 물건을
고치며 새로운 것을
잘 만들었어.

생각 톡톡

★ **친구들이 이야기를 나누고 있어요. (   ) 안의 알맞은 것에 ○표 하세요.**

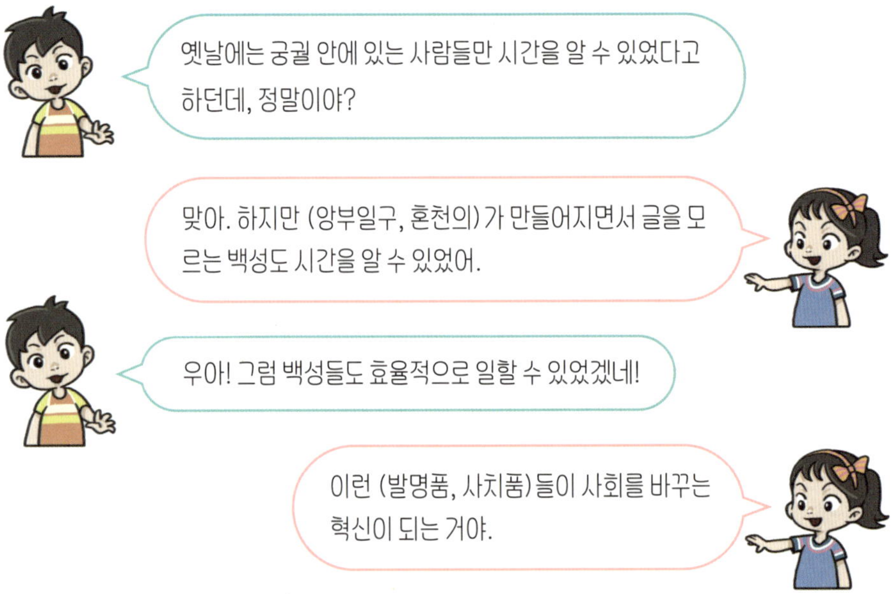

논리적 글쓰기

★ **조선의 발명품이 사회 변화를 이끄는 데 중요한 역할을 했다고 생각하나요? 찬성과 반대 중 하나를 선택하고, 그렇게 생각한 이유를 써 보세요.**

찬성/반대	이유
나의 의견	

내가 토론왕

★ **세상을 바꾼 조선의 발명품 가운데 가장 사회 변화에 크게 기여한 것은 무엇일까요? 친구나 부모님과 함께 이야기를 나눠 보세요.**

점찍기 토론

여러 의견 중 내가 가장 중요하다고 생각하는 것, 또는 가장 찬성하는 것에 점을 찍어 의견을 표현하는 토론 방법이에요. 여러 사람이 동시에 참여할 수 있어 학생들의 생각을 한눈에 파악하는 데 아주 유용해요.

1. 조선의 대표 발명품 목록을 보고, 각자 가장 중요하다고 생각하는 발명품 세 가지를 고릅니다.
2. 마음에 드는 발명품 옆에 스티커나 점(●)을 찍습니다.
3. 가장 많은 표를 받은 발명품이 토론 주제가 됩니다.
4. 그 발명품이 선택한 이유에 대해 의견을 나눕니다.

측우기

자격루

앙부일구

거중기

녹로

선정된 발명품	
이유 및 의견	

학생들이 만든 민주주의의 봄

▲ 4·19 학생 혁명 기념탑

대한민국의 초대 대통령이었던 이승만은 1948년부터 12년 동안 대통령을 지냈어요. 그러나 그는 권력을 놓지 않기 위해 헌법까지 고쳐가며 장기 집권을 이어 갔어요. 1956년에는 3선에 도전했지만 국회 투표에서 정족수에 미치지 못하자, '사사오입'이라는 억지 계산법을 적용해 헌법을 고쳤지요. 이후에도 부정부패는 계속되었고, 1960년 3·15 부정 선거에서는 돈으로 표를 사거나 투표함을 바꿔치기하는 등 민주주의를 짓밟는 일이 벌어졌어요.

이에 분노한 국민과 학생들은 거리로 나서 "부정 선거를 멈춰라! 민주주의를 지켜라!"라고 외쳤어요. 특히 마산 시위 때 경찰의 최루탄에 맞아 숨진 학생 김주열의 죽음은 전국적인 분노를 불러일으켰어요. 그 열기는 서울로 번져 4월 19일, 수많은 학생과 시민이 모여 자유와 정의를 요구하며 시위를 이어 갔어요.

결국 이승만은 국민의 거센 요구 앞에서 하야를 발표했어요. 이렇게 해서 4·19 혁명이 일어났고, 독재 정권은 무너졌어요. 4·19 혁명은 총보다 국민의 목소리와 행동이 세상을 바꿀 수 있음을 보여 준 역사적인 사건이에요. 오늘날 우리는 그날의 외침을 기억하며 민주주의는 스스로 지켜야 하는 소중한 가치임을 다시 배우고 있어요.

▲ 4·19 혁명 기록물 자료 ⓒ 국가유산청

역사적 궁금증 | 왜 4·19를 혁명이라 부를까?

▲ 1960년 4월, 시위하는 사람들

사람들은 큰 사회 변화를 일으킨 사건을 '봉기'나 '시위'라고 불러요. 하지만 4 · 19는 단순한 시위가 아니었어요. 정치 제도를 바꾸고 새로운 시대를 연 역사적인 전환점이었기 때문에 '4 · 19 혁명'이라고 부르는 거예요.

'혁명'은 단순히 정권이 바뀌는 것이 아니라 권력의 성격이 달라지고 새로운 가치가 사회에 자리 잡을 때 쓰는 말이에요. 4 · 19 혁명은 부정 선거에 맞선 학생과 시민의 용기 있는 행동으로 권위주의 정권을 무너뜨리고, 민주주의를 회복시킨 사건이에요. 그래서 4 · 19 혁명은 오늘날까지 대한민국의 시작을 알린 중요한 혁명으로 기록되어 있어요. 4 · 19 혁명을 통해 국민이 나라의 주인이며, 부당한 권력에 맞설 수 있다는 사실이 널리 알려졌어요.

인물 탐구 | 4·19 혁명의 도화선이 된 김주열

1960년 3월 15일, 마산상고(현 마산용마고) 학생 김주열은 부정 선거에 항의하는 시위에 참여했다가 행방불명되었어요. 그리고 27일 뒤인 4월 11일, 마산 앞바다에 한 소년의 시신이 떠올랐어요. 오른쪽 눈에는 경찰이 쏜 최루탄이 박혀 있었고, 몸에는 돌이 매달려 있었어요. 경찰이 시신을 바다에 버린 것이었지요.

이 끔찍한 소식은 마산 시민들의 분노를 폭발시켰어요. 사람들은 거리로 나와 파출소를 점령하고 시청과 경찰서를 향해 시위를 벌였어요. 시위는 밤늦도록 이어졌고, 마산의 분노는 전국으로 번졌어요.

김주열 군의 죽음은 국민에게 큰 충격을 주었고, 결국 부정 선거 규탄 시위가 독재 정권 퇴진 운동으로 발전했어요. 마산의 함성은 전국으로 퍼져 4 · 19 혁명의 불씨가 되었어요. 그래서 마산은 오늘날 '4월 혁명의 발원지'로 불리고 있어요.

▲ 창원 김주열 열사 시신 인양지 © 국가유산청

세상을 바꾼 과학

오늘날 우리가 누리고 있는 편리한 생활은 모두 과학의 발전 덕분이에요. 과학이 발전하면서 사람들은 자연의 원리를 더 깊이 이해하게 되었고, 그 과정에서 세상을 바꾸는 중요한 발견과 발명이 이루어졌지요. 아르키메데스의 부력처럼 우연히 얻은 깨달음도 있었고, 에디슨의 전구처럼 끊임없는 노력 끝에 완성된 발명도 있었어요. 이러한 축적된 과학 지식과 기술 덕분에 우리는 지금처럼 최첨단 시대를 살아가고 있어요.

4월은 이러한 과학의 가치를 되새기는 과학의 달이에요. 과학 기술의 중요성을 알리고 더 많은 사람들이 과학에 관심을 갖도록 마련된 기간이지요. 이때는 학교, 과학관, 연구기관 등에서 다양한 체험과 전시가 열려 학생들이 직접 실험해 보고, 과학자와 발명가의 삶을 배우며 새로운 아이디어를 떠올릴 수 있어요.

우리나라의 과학 전통도 매우 뛰어나요. 조선 시대에는 천문, 지리, 기상과 관련된 발명품이 만들어져 사회를 크게 변화시켰어요. 측우기, 자격루, 앙부일구 같은 과학 기구는 사람들의 생활을 더 합리적이고 편리하게 만들며 당시 사회의 질서를 바꾼 혁신이었지요. 오늘날에도 과학과 발명은 계속해서 우리의 삶을 변화시키고 있어요. 스마트폰, 인공 지능, 로봇 기술, 친환경 에너지처럼 현대 과학은 세상을 더 빠르고, 안전하며, 편리하게 바꾸어 주고 있어요.

여러분도 미래의 발명가가 될 수 있어요. 주변에서 불편한 점을 발견하고 이를 해결할 방법을 떠올리는 순간, 새로운 발명의 씨앗이 싹트기 시작하거든요. 과학의 달을 맞아 과학자의 눈으로 세상을 바라보고, 발명가의 마음으로 미래를 그려 보며 한 걸음 나아가 보세요

함께 읽으면 좋은 책

- **『사월의 노래』**, 신현수 글, 채원경 그림, 스푼북
- **『4월의 소년』**, 박지숙 글, 이다혜 그림, 풀빛
- **『왜 4 · 19 혁명이 일어났을까?』**, 박은화 글, 이남고 그림, 자음과모음
- **『우리들의 광장』**, 김명희 글, 백대승 그림, 길벗어린이

5월

현대 ②

5·18 민주화 운동과 6월 민주 항쟁

5월은 민주주의의 소중함을 되새기는 달이에요. 5 · 18 민주화 운동과 6월 민주 항쟁은 자유와 권리를 지키기 위해 시민들이 용기 있게 일어섰던 역사이지요. 또 5월 5일 어린이날은 어린이가 존중받아야 할 존재임을 알려 주는 특별한 날이에요. 이번 달에는 민주주의를 지켜 온 노력과 어린이의 인권을 함께 배우며, 서로 존중하는 마음의 가치를 생각해 보세요.

01

사건 탐구

5·18 민주화 운동과 민주주의

키워드: 자유, 권리, 연대, 희생

▲ 1980년 5월 21일 금남로에서 계엄군과 대치하고 있는 시위 현장 © 5·18 민주화운동기록관

1980년 5월 18일, 광주에서는 민주주의를 지키기 위한 큰 움직임이 시작되었어요. 당시 우리나라는 **자유**롭게 말하거나 모일 수 있는 **권리**가 제한되어 있었어요. 국민이 직접 뽑은 대표가 아니라 군사 권력이 나라를 운영하며 언론을 통제하고 시민들의 목소리를 억눌렀어요.

이 억압에 맞서 광주의 학생들이 먼저 거리로 나섰어요. 그들은 부당한 권력을 바꾸고, 자유롭고 공정한 사회를 만들기 위해 평화롭게 시위를 시작했어요. 시민들도 학생들을 지지하며 함께 모였지요. 그러나 이러한 평화로운 시위는 곧 무장한 군인들의 잔혹한 탄압을 받았고, 많은 사람이 다치거나 목숨을 잃는 안타까운 일이 벌어졌어요.

그러나 광주 시민들은 끝까지 서로를 지켜 주고 도왔어요. 음식을 나누어 먹고, 부상자를 치료하며, 어린이와 노인을 안전하게 보호했어요. 그들의 싸움은 자기만을 위한 것이 아니라 우리 모두가 자유롭게 살아갈 미래를 위한 행동이었어요. 이러한 **연대**와 용기는 광주를 넘어 전국으로 번져, 민주주의를 되찾는 중요한 힘이 되었어요.

오늘날 우리가 자유롭게 말하고, 선거를 통해 대표를 뽑으며, 각자의 의견을 나눌 수 있는 사회가 된 것은 5·18 **민주화 운동**의 **희생**과 헌신 덕분이에요. 그래서 5·18 민주화 운동은 민주주의를 지켜 낸 역사적 상징으로 지금도 기억되고 있어요.

어휘 쏙쏙

- **자유**: 자신의 의사에 따라 행동하거나 선택할 수 있는 상태. 외부의 구속이나 억압이 없는 상태.
- **권리**: 법이나 도덕이 인정하는 자신이 정당하게 가지거나 누릴 수 있는 힘이나 자격.
- **연대**: 서로 뜻을 같이하여 행동하거나 책임을 함께 짐.
- **민주화 운동**: 국민이 자유와 권리를 지키기 위해 부당한 권력에 맞서 싸우는 운동.
- **희생**: 자신의 이익이나 생명을 다른 사람이나 대의를 위해 바치거나 버림.

개념 이해

1. 초성을 보고, 빈칸에 알맞은 말을 써 보세요.

5·18 민주화 운동의 [ㅎ][ㅅ] 과 [ㅎ][ㅅ] 을 기억하자.

2. 잘 읽고 맞게 설명한 것에는 ○, 잘못된 설명에는 X로 선택하세요.

① 5·18 민주화 운동은 1980년 5월 18일에 시작되었다. (O, X)

② 광주 시민들은 시위 중 서로 도와주고 부상자를 돌보았다. (O, X)

3. 다음 문장을 읽고, 이어질 내용을 3~4문장으로 완성해 보세요.

1980년 5월 18일, 광주 시민들은 민주주의를 지키기 위해 거리로 나섰어요.
그들은 평화롭게 시위했지만 많은 어려움이 있었어요.

이어 쓰기:

생각 톡톡

★ 친구들이 이야기를 나누고 있어요. ( ) 안의 알맞은 것에 ○표 하세요.

5·18 민주화 운동은 단지 (광주, 미국)만의 사건이 아니야.

맞아! 우리 모두의 민주주의를 지키기 위한 행동이었지.

그 희생 덕분에 지금 우리는 자유롭게 의견을 말할 수 있는 거야.

그래서 이 역사를 기억하고 다시는 그런 일이 없도록 해야 해.

논리적 글쓰기

★ '5·18 민주화 운동은 오늘날에도 중요한 의미를 가진다'라는 주장에 대한 나의 생각을, <보기>처럼 주장, 이유, 근거, 결론을 포함해 써 보세요.

5 · 18 민주화 운동은 오늘날에도 중요한 의미를 가진다.
예시) 주장: 저는 5 · 18 민주화 운동이 오늘날에도 매우 중요한 의미를 가진다고 생각해요. 이유: 그 이유는 민주주의와 자유를 지키기 위해 많은 사람이 희생했기 때문이에요. 근거: 이 사건을 기억함으로써 앞으로 부당한 권력이 생기지 않도록 경계할 수 있어요. 결론: 우리는 5 · 18 민주화 운동을 잊지 말고, 민주주의를 지키기 위한 노력을 계속해야 해요.

생각 열기

★ 5·18 민주화 운동에 참여한 시민을 인터뷰하는 기자가 되어, 질문과 답변을 만들어 완성해 보세요.

예시 질문

1. 그날 거리로 나오게 된 이유가 무엇인가요?
2. 시위 현장에서 가장 기억에 남는 장면은 무엇인가요?
3. 당시 가장 힘들었던 점은 무엇이었나요?
4. 민주주의가 왜 중요하다고 생각하나요?

인터뷰 제목	
날짜	
장소	
기자 이름	
인터뷰 대상과 상황	
질문 1	
답변 1	
질문 2	
답변 2	
질문 3	
답변 3	
질문 4	
답변 4	

02

국가유산 탐구

5·18 민주화 운동 기록관

키워드: 민주화 운동, 기록관

▲ 5·18 민주화 운동 기록관 전시실 © 5·18 민주화 운동 기록관

5 · 18 민주화 운동 **기록관**은 1980년 5월에 일어난 5 · 18 민주화 운동과 관련된 자료를 모아 둔 곳이에요. 그때 광주에서는 자유와 민주주의를 지키기 위해 대학생을 중심으로 수많은 사람들이 용기를 내어 거리로 나섰어요. '부당한 일에는 침묵하지 않겠다'는 마음이었지요. 그러나 무력 진압으로 인해 많은 사람이 다치고 목숨을 잃는 비극이 벌어졌어요.

기록관 안에는 당시의 사진, 영상, 신문 기사, 편지, 일기 등이 보관되어 있어요. 이 자료들을 보면 그날의 진실과 사람들의 용기, 그리고 평범한 일상을 되찾고자 했던 마음을 생생하게 느낄 수 있어요.

5 · 18 민주화 운동 기록관은 단순한 전시관이 아니라 민주주의를 지키기 위해 싸운 사람들의 목소리와 희생을 전해 주는 살아 있는 공간이에요. 오늘날 우리가 자유롭게 의견을 말하고, 학교에 다니며, 우리말과 **문화**를 지켜 나갈 수 있는 것은 모두 저절로 이루어진 일이 아니에요. 그 뒤에는 수많은 사람들의 눈물과 피, 땀, 그리고 목숨을 건 희생이 있었어요. 우리가 이 역사와 이야기를 올바로 알고 기억할 때 다시는 같은 아픔이 되풀이되지 않을 수 있어요.

어휘 쏙쏙

- **기록관**: 중요한 자료나 기록을 모아 보관하고 전시하는 곳.
- **문화**: 한 나라나 사회에서 사람들이 만들어 온 생활 방식, 예술, 생각 등을 합친 것.

개념 이해

1. 초성을 보고, 빈칸에 알맞은 말을 써 보세요.

ㅁ ㅈ ㅎ ㅇ ㄷ 은 국민이 자유와 권리를 지키기 위해 부당한 권력에 맞서 싸우는 운동이다.

2. 잘 읽고 맞게 설명한 것에는 ○, 잘못된 설명에는 X로 선택하세요.

① 5·18 민주화 운동은 자유와 권리를 지키기 위해 부당한 권력에 맞서는 운동이다. (O, X)

② 기록관에는 책만 보관하고 다른 자료는 보관하지 않는다. (O, X)

3. 다음은 광주 민주화 운동에 대해 잘못 말한 친구를 골라 ○표 하세요.

5·18 민주화 운동은 동물을 탄압한 사건이야.

5·18 민주화 운동 때 갑자기 나타난 계엄군은 학생과 시민에게 무차별적인 폭력을 휘둘렀어.

5·18 민주화 운동은 부산에서 일어났어.

아현	재민	민호

생각 톡톡

★ 친구들이 이야기를 나누고 있어요. (   ) 안의 알맞은 것에 ○표 하세요.

여기가 5·18 민주화 운동 기록관이야. 그때 많은 분들의 희생이 있었대.

그래서 우리가 (민주주의, 사회주의)와 자유를 누릴 수 있는 거구나.

어린이 잡지도 중요한 (국가유산, 자연유산)이래. 우리말과 문화를 지키는 데 큰 역할을 했대.

이런 기록이 남아 있어서 참 다행이야. 앞으로도 꼭 기억해야겠어.

심화 탐구

★ 만약 내가 '광주 민주화 운동 기록관'의 안내원이 된다면 사람들에게 어떤 이야기를 들려주고 싶나요? 아래 조건에 맞춰 나의 생각을 써 보세요.

조건 글 속에 민주화 운동, 기록관, 희생, 문화 네 단어를 꼭 넣어야 해요. 내가 안내원이 되어 손님에게 직접 이야기하는 듯한 말투로 작성해요. 마지막에는 "그래서 이곳은 우리 모두의 기억이어야 합니다."라는 문장을 넣어 마무리하세요.

안녕하세요? 저는 오늘 5 · 18 광주 민주화운동 기록관을 안내할 (   )입니다.

논리적 글쓰기

★ **과거의 기록이 사라진 세상과 기록이 남아 있는 세상은 어떻게 다를까요? 〈보기〉를 참고하여 자신의 생각을 써 보세요.**

보기	기록이 없는 세상	기록이 있는 세상
5 · 18 민주화 운동 기록관	민주주의를 지킨 사람들의 희생을 알 수 없다. 1980년 5월의 진실이 왜곡되거나 잊혀질 수 있다.	사진, 영상, 편지를 통해 민주주의의 소중함을 배운다. 시민들의 용기와 단합이 만들어 낸 변화를 살펴볼 수 있다.

기록이 없는 세상은 --

기록이 있는 세상은 --

그래서 중요한 역사 기록은 --

생각 열기

★ **타임머신을 타고 1980년 5월 광주에 도착했다고 상상해 보세요. 그날의 시민들을 돕기 위해 '도움이 될 만한 세 가지 물건'을 그림으로 그리고, 그 이유를 함께 써 보세요.**

예

확성기는 광장에서 많은 사람들이 모였을 때 유용하게 쓰일 것 같아요.

물건	물건	물건
이유:	이유:	이유:

03

타임머신

대통령 선거과 민주주의

키워드: 직선제, 간선제, 헌법, 6월 민주 항쟁

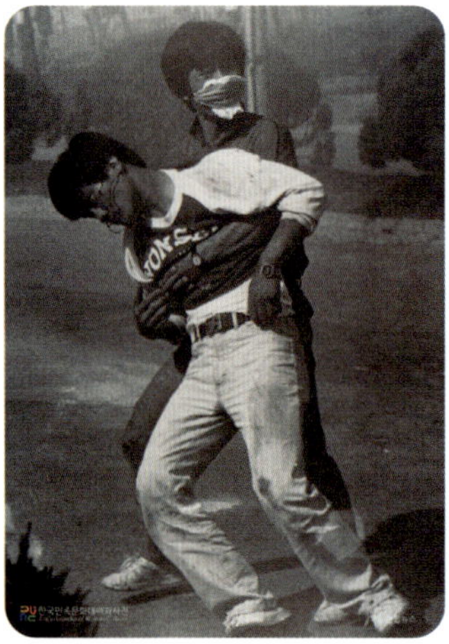

▲ 이한열 열사

우리나라는 지금 대통령을 국민이 직접 뽑아요. 선거 날 투표소에 가서 투표용지에 도장을 찍으면, 그 표가 모여 대통령이 결정되지요. 그런데 처음부터 대통령을 국민이 직접 뽑았던 건 아니에요.

1948년 대한민국이 세워질 때, 첫 대통령은 국민이 아니라 국회의원들이 뽑았어요. 이렇게 대표가 대신 대통령을 선출하는 방식을 **간선제**라고 해요. 그러다 1952년부터는 대통령을 국민이 직접 뽑는 **직선제**가 시작됐지만 정치 상황이 바뀌면서 다시 간선제로 돌아갔어요.

그러던 1987년, 많은 시민들이 '대통령을 우리 손으로 뽑게 해 주세요'라며 거리로 나섰어요. 6월 9일, 연세대학교에서 시위를 하던 대학생 이한열은 경찰이 쏜 최루탄에 맞아 쓰러졌고, 끝내 목숨을 잃었어요. 이 사건은 전국적인 분노를 불러일으켰고, 더 많은 시민들이 민주주의를 요구하며 거리로 나서게 만들었어요.

이렇게 전국으로 번진 시위를 **6월 민주 항쟁**이라고 해요. 결국 정부는 국민의 뜻을 받아들여 **헌법**을 고쳤고, 국민이 직접 대통령을 뽑을 수 있도록 했어요. 그해 12월, 직선제로 대통령 선거가 다시 실시되었어요. 오늘날 우리가 대통령을 직접 뽑는 것은 많은 사람들의 용기와 희생으로 얻어낸 소중한 권리예요.

어휘 쏙쏙

- **간선제**: 국민이 뽑은 대표(국회의원 등)가 대통령이나 대표를 뽑는 제도.
- **직선제**: 국민이 직접 투표로 대통령이나 대표를 뽑는 제도.
- **6월 민주 항쟁**: 1987년 6월 대통령을 국민이 직접 뽑게 해 달라고 전국에서 벌인 큰 민주주의 운동.
- **헌법**: 나라의 기본 법으로 국민의 권리와 국가 운영 방법을 정한 법.

개념 이해

1. 다음 칠판을 통해 수업 시간에 배우고 있는 사건은 무엇인지 빈칸에 써 보세요.

1987년 역사 현장

▲ 서울시청 앞에 모인 시위대　　© 서울기록원

☐☐ ☐☐ ☐☐

2. 잘 읽고 맞게 설명한 것에는 O, 잘못된 설명에는 X로 선택하세요.

① 현재 우리나라는 대통령을 뽑을 때 간선제를 택하고 있다. (O, X)

② 전두환 정부는 언론을 장악하고 민주화 요구를 철저하게 탄압하고 통제했다. (O, X)

3. 6월 민주 항쟁의 결과 대통령 선출 방식이 직선제로 바뀌었어요. 직선제가 실시된 이후, 대통령을 뽑는 방식은 이전과 어떻게 달라졌나요?

생각 톡톡

★ **친구들이 이야기를 나누고 있어요. ( ) 안의 알맞은 것에 ○표 하세요.**

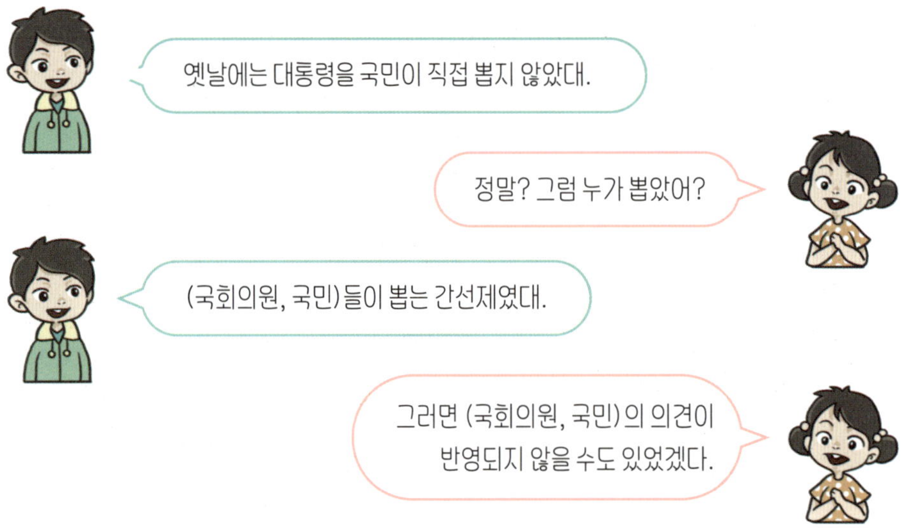

논리적 글쓰기

★ **왜 대통령은 국민이 직접 뽑아야 할까요? 나의 생각을 글로 써 보세요.**

TIP 주장, 이유(간선제의 한계점, 직선제의 장점, 민주주의의 가치), 결론으로 써 보세요.

내가 토론왕

★ 5·18 민주화 운동과 관련된 인물에게 질문을 하고 예상 답변을 적어 보세요.

인물 핫시트 토론(Hot Seat)

핫시트 토론은 영어로 'Hot Seat'라는 뜻으로, 말 그대로 '뜨거운 자리'라는 뜻이에요. 토론이나 인터뷰 활동에서 한 명이 특정 인물 역할을 맡아 앞에 앉고, 다른 사람들이 그 인물에게 질문을 던지면 그 인물의 입장에서 대답하는 방식이에요.

예

이름	질문	답변
윤상원 1980년 5월 광주 민주화 운동 당시 시민군 대변인	그때 가장 하고 싶었던 말은 무엇이었나요?	우리가 거리로 나선 것은 싸움을 원해서가 아닙니다. 단지 억울하게 당하는 사람들의 목소리를 세상에 알리고 우리 모두가 자유롭게 살 수 있는 세상을 만들고 싶었어요.

★ 핫시트 꾸미기

이름	질문	답변

어린이에게도 권리가 있다

▲ 방정환 기념비

▲ 방정환

1923년 5월 1일, 방정환과 청년 단체 '색동회'는 서울 종로 천도교당에서 우리나라 최초의 어린이날 행사를 열었어요. 이날 행사에는 "희망을 살리자, 내일을 살리자", "잘 살려면 어린이를 위하라"라는 표어가 내걸렸어요. 어린이가 미래의 희망이며 존중받아야 한다는 뜻을 담은 역사적인 행사였지요.

기념식 후 200여 명의 소년들은 네 구역으로 나뉘어 경성 시내를 돌며 '어린이날의 약속' 전단 12만 장을 나누어 주었어요. 전단에는 "욕하지 말고, 때리지 말고, 부리지 말자" 같은 구호와 "잠과 운동을 충분히 하게 해 주세요", "산보와 소풍을 가끔 시켜 주세요" 같은 아이들의 소박한 바람이 담겨 있었어요. 이는 당시 어린이들이 얼마나 힘든 환경에서 살았는지를 보여 주며, 어린이날이 단순한 축제가 아닌 인권 선언이었다는 것을 알 수 있어요.

방정환은 이 행사를 통해 어린이를 하나의 인격체로 존중해야 한다는 인식을 사회에 널리 퍼뜨렸어요. 이날 발표된 '어린이 권리 공약 3장'은 훗날 대한민국 어린이 헌장의 기초가 되었지요. 그는 어린이를 위한 잡지 《어린이》를 창간하고, 강연과 문화 운동을 펼치며 아동 인권 향상에 평생을 헌신했어요.

어린이날은 단순한 기념일이 아니라, 방정환의 정신이 담긴 인류 보편의 약속이에요. 아이들이 존중받고 행복하게 자랄 수 있는 세상을 만들자는 그날의 외침은 오늘날에도 여전히 이어지고 있어요.

깜짝 상식 | 유엔 아동 권리 협약

지금 우리는 어린이도 한 사람의 시민으로서 인권과 권리를 가진 존재라고 배우지만, 1920년대만 해도 어린이에게는 이런 권리가 제대로 인정되지 않았어요. 법적으로 관련 조항이 마련되고 사회가 이를 받아들이기까지는 매우 긴 시간이 필요했지요.

유엔 아동 권리 협약은 18세 미만 모든 아동의 생존, 보호, 발달, 참여의 권리를 규정한 국제 인권 조약으로, 1989년 유엔에서 채택되었어요. 이 협약은 4대 기본 원칙(비차별, 아동 이익 최우선, 생존 · 발달권, 의견 존중)을 바탕으로 전 세계 196개국이 비준한 가장 포괄적인 인권 협약이에요. 여기에는 우리 어린이가 건강하게 자랄 권리, 교육받을 권리, 놀 권리 등 일상에서 꼭 보장받아야 할 다양한 권리가 모두 담겨 있어요. 우리가 누리는 행복한 일상은 그냥 이루어진 것이 아니랍니다.

역사 상식 | 《어린이》 잡지를 만든 사람들

▲ 『어린이』 6권 3호(왼쪽), 『어린이』 7권 3호(오른쪽)

1923년 3월, 방정환과 청년 단체 색동회는 우리나라 최초의 아동 전문 잡지 《어린이》를 창간했어요. 잡지의 표어는 "씩씩하고 참된 소년이 됩시다, 그리고 늘 서로 사랑하며 도와갑시다"였지요. 《어린이》는 단순한 읽을거리가 아니라, 어린이를 어른과 동등한 인격체로 대우해야 한다는 새로운 선언이었어요. 방정환은 잡지를 통해 "어린이도 미래의 주인공"이라는 생각을 널리 퍼뜨리며, 어린이날의 정신을 세상에 알렸어요.

《어린이》에는 방정환을 비롯해 이광수, 피천득, 박태원, 윤극영, 마해송, 주요섭, 심훈, 홍난파 등 당대의 문인과 예술가들이 참여했어요. 그들은 동화, 동요, 동시, 소설, 생활 지식, 편지 등을 실어 아이들이 스스로를 소중히 여기고 즐겁게 배우도록 도왔지요. 이는 어린이를 단순히 보호받아야 할 존재로 보던 사회의 인식을 바꾸는 계기가 되었어요.

《어린이》는 1923년부터 1934년 폐간 무렵까지 122호가 발행되었고, 해방 후 1948년 복간되어 총 137호까지 이어졌다고 해요. 짧지 않은 발행 기간 동안 《어린이》는 우리나라 아동문학의 출발점이자 어린이 인권과 문화를 꽃피운 상징적인 잡지로 평가받아요. 오늘날 우리가 누리는 어린이 책과 잡지 문화의 뿌리에는 바로 이 《어린이》가 있었던 거예요.

더 알아보기 | '어린이'라는 말은 언제 생겼을까?

▲ 색동회 마크(새)가 들어 있는 어린이날 포스터

지금은 당연하게 쓰는 '어린이'라는 말은 1920년대 방정환이 처음 만든 말이에요. 그전에는 아이를 '아해'나 '애'라고 불렀지만, 방정환은 아이들도 어른과 똑같이 존중받아야 한다고 생각했어요. 그래서 '어리다'라는 말에 존칭을 붙여 '어린이'라고 부른 거예요. 이 말에는 '아직 미숙하지만 존중받아야 할 존재'라는 뜻이 담겨 있어요. 단순한 호칭의 변화가 아니라, 사회가 아이를 바라보는 시각 자체를 바꾼 중요한 사건이었지요.

방정환은 어린이를 하나의 인격체로 대해야 한다고 믿었어요. 그는 어린이를 위한 강연을 열고, 잡지 《어린이》를 발행하며, 어린이날을 제정하는 등 다양한 활동을 했어요. 또한 어린이 박람회를 열어 아이들이 스스로 생각하고 꿈꿀 수 있는 세상을 만들고자 했지요.

어린이라는 말에는 방정환의 따뜻한 철학이 담겨 있어요. 아이들을 어른의 그늘에 가두지 않고, 한 사람의 주체적인 존재로 존중하자는 생각이었어요. 오늘날 우리가 자연스럽게 어린이라고 부르는 말 속에는, 미래의 희망인 아이들을 사랑하고 존중하자는 그의 마음이 그대로 이어지고 있어요.

계기교육 05

어린이날은 왜 5월 5일일까요?

5월 5일은 어린이가 소중한 존재임을 알리는 어린이날이에요. 우리나라에서 어린이날을 만든 사람은 방정환 선생이에요. 당시에는 어린이를 차별하거나 함부로 대하는 일이 많았어요. 방정환 선생은 이런 잘못된 인식을 바꾸기 위해 '어린이'라는 말을 쓰기 시작했고, 어린이가 존중받아야 한다는 뜻을 널리 알리고자 1923년 5월 1일에 첫 어린이날 행사를 열었어요.

▲ 어린이날 포스터(1920년대 발행)

그런데 어린이날이 처음에는 5월 1일이었지만, 오늘날은 5월 5일로 바뀌었어요. 그 이유는 5월 1일이 노동절이었기 때문이에요. 당시 노동자들은 인간다운 삶을 요구하며 집회를 열었고, 일제는 이를 탐탁지 않게 여겼어요. 어린이날 행사와 노동절 집회가 같은 날 열리자, 일제는 노동자 집회를 막으면서 어린이날 행사를 허용하기 어려워졌어요. 그래서 어린이 단체들은 어린이날을 이어 가기 위해 날짜를 5월 첫째 일요일로 바꾸었고, 광복 이후 1946년부터는 요일과 상관없이 5월 5일을 어린이날로 기념하게 되었어요.

어린이날의 날짜는 달라졌지만 의미는 변하지 않았어요. 어린이는 존중받아야 하며, 행복하게 자랄 권리가 있다는 방정환 선생의 정신은 오늘날에도 이어지고 있어요. 어린이날은 모든 어린이가 사랑과 존중 속에서 밝은 미래를 꿈꾸기를 바라는 날이에요.

함께 읽으면 좋은 책

- **『누나의 오월』**, 윤정모 글, 산하
- **『오월의 달리기』**, 김해원 글, 홍정선 그림, 푸른숲주니어
- **『오월의 어린 시민군』**, 양인자 글, 홍연시 그림, 위즈덤하우스
- **『이토록 푸른 오월에』**, 윤자명 글, 윤봉선 그림, 풀빛

6월

현대 ③

6·25 전쟁과 분단의 현실

6월은 우리나라의 아픈 역사인 6 · 25 전쟁을 돌아보는 달이에요. 전쟁은 많은 사람의 삶을 무너뜨렸고, 가족과 나라를 지키기 위해 희생한 이들의 헌신이 있었지요. 6월을 맞아 전쟁의 참상을 기억하고, 다시는 이런 비극이 일어나지 않도록 평화의 소중함을 되새겨야 해요. 이번 달에는 6 · 25 전쟁의 의미와 평화를 지키기 위해 우리가 할 수 있는 일이 무엇인지 생각해 보세요.

01

사건 탐구

6·25 전쟁과 남북 분단

키워드: 이산가족, 군사 분계선, 비무장 지대

▲ 38도선을 경계로 나뉜 마을

1950년 6월 25일 새벽, 북한군이 갑자기 38선을 넘어 남한을 침략했어요. 이 전쟁을 6 · 25 전쟁이라고 해요. 전쟁은 3년 동안 이어졌으며, 피해는 상상할 수 없을 만큼 컸어요. 수많은 사람이 목숨을 잃었고, 가족과 고향을 잃은 **이산가족**이 생겼어요. 마을과 도시가 불타거나 폭격으로 파괴되어 생활이 어려워졌고, 학교와 병원도 무너져 교육과 치료를 받기 힘들어졌어요. 당시 많은 사람들이 피란을 떠나 낯선 곳에서 힘겹게 살아야 했어요.

6 · 25 전쟁 한반도의 분단을 굳어지게 만들었어요. 전쟁 전에는 남과 북이 다시 하나가 될 가능성이 있었지만, 전쟁 이후 남과 북은 서로 다른 정치와 경제 체제를 가진 나라로 완전히 갈라섰어요. **군사 분계선**과 **비무장 지대**(DMZ)가 생기면서 지금까지도 자유롭게 오갈 수 없게 되었어요. 이로 인해 수십 년째 가족을 만나지 못한 사람들이 많아요.

6 · 25 전쟁은 우리에게 평화와 안보의 소중함을 알려 줬어요. 전쟁을 겪은 사람들은 평화로운 일상이 얼마나 값진지 절실히 깨달았고, 우리나라는 자유와 민주주의를 지키기 위해 군사력과 국제 협력을 강화했어요. 이 과정에서 많은 나라들이 도움을 받았고, 우리는 이를 통해 국제 사회와의 연대가 얼마나 중요한지도 배우게 되었어요. 6 · 25 전쟁은 단순히 오래전에 끝난 과거의 사건이 아니에요. 오늘날 한반도의 현실과 우리의 삶에 여전히 영향을 주는 역사적인 전환점이에요. 그래서 우리는 이 전쟁을 기억하고, 다시는 같은 비극이 일어나지 않도록 평화를 지키는 마음을 가져야 해요.

어휘 쏙쏙

- **이산가족**: 전쟁이나 재해로 가족이 흩어져 서로 만나지 못하게 된 사람들.
- **군사 분계선**: 군사적으로 경계가 되는 선으로, 남과 북을 나누는 경계선.
- **비무장 지대**(DMZ): 무기를 두지 않고 군대도 주둔하지 않는 지역.

개념 이해

1. 6·25 전쟁이 시작된 해와 날짜는 언제일까요?

① 1945년 8월 15일　　② 1950년 6월 25일

③ 1960년 4월 19일　　④ 1953년 7월 17일

2. 초성을 보고, 빈칸에 알맞은 말을 써 보세요.

6·25 전쟁으로 [ㅇ][ㅅ][ㄱ][ㅈ]이 생겼다.

3. 전쟁으로 가족과 헤어진 이산가족의 마음은 어떨까요? 내가 이산가족이라면 어떤 기분일지 상상해 보고, 그 마음을 써 보세요.

생각 톡톡

★ 친구들이 이야기를 나누고 있어요. (   ) 안의 알맞은 것에 ○표 하세요.

6·25 전쟁 때 미국이나 중국 같은 강대국의 개입은 도움이 됐을까?

음…… 도움도 됐지만, 이때 많은 (이산가족, 이민가족)과 전쟁고아가 생겼대.

그렇구나. 만약 다른 나라들이 끼어들지 않았다면, 결과가 달라졌을지도 모르겠네.

심화 탐구

★ 북한이 6·25 전쟁을 일으켰을 때 어떤 일이 있었을까요? 내가 그 당시의 국민이라면 어떤 마음이 들었을지 상상해서 써 보세요.

논리적 글쓰기

★ 강대국의 개입은 6·25 전쟁을 빨리 끝내는 데 도움이 되었을까요? 나의 생각을 써 보세요.

쉬어 가기

★ 비무장 지대(DMZ)는 남북한 사이에 있는 군대가 들어갈 수 없는 특별한 지역이에요. 이곳은 전쟁이 끝난 뒤 평화를 지키기 위해 만들어졌어요. 아래 빈칸에 '비무장 지대' 다섯 글자로 시작하는 오행시를 지어 보세요.

비	
무	
장	
지	
대	

02

국가유산 탐구

전쟁기념관

키워드: 국제 연합, 참전비, 전쟁기념관, 평화

▲ 전쟁기념관 © 전쟁기념관

1950년 6 · 25 전쟁이 일어났을 때, 우리나라는 혼자만의 힘으로는 전쟁을 막아 내기 어려웠어요. 그때 전 세계 21개국의 **국제 연합**(UN)군이 우리를 돕기 위해 왔어요. 미국, 영국, 캐나다, 호주, 터키, 필리핀 등 많은 나라의 군인들이 먼 길을 건너와 자유와 **평화**를 지키기 위해 함께 싸웠지요.

국제 연합군은 전장에서 목숨을 걸고 싸웠을 뿐 아니라, 부상자를 치료하고 음식과 물자를 보내 주며 큰 힘이 되어 주었어요. 그들의 용기와 희생이 없었다면 지금의 우리나라가 어떻게 되었을지 알 수 없어요.

전쟁기념관은 전쟁의 역사와 희생을 잊지 않기 위해 세운 곳이에요. 전시관을 둘러보면 전쟁이 왜 일어났는지, 얼마나 많은 사람들이 고통을 겪었는지, 평화가 얼마나 소중한지를 배울 수 있어요.

또한 국제 연합 **참전비**는 6 · 25 전쟁 때 우리를 지켜 준 국제 연합군의 희생과 용기를 기리는 기념물이에요. 그 앞에 서면, 그들이 흘린 땀과 눈물, 그리고 목숨을 바친 이유를 되새기게 돼요.

우리는 전쟁기념관과 참전비를 보며 감사와 존경의 마음을 담아 기억하고, 예의를 갖추어 관람해야 해요. 동시에 다시는 전쟁이 일어나지 않도록 평화를 지키겠다는 다짐을 마음속에 새겨야 해요. 이 두 유산은 우리나라만의 역사가 아니라, 세계가 힘을 합쳐 모아 평화를 지킨 이야기예요. 그래서 한국 사람뿐 아니라 전 세계 사람들이 함께 기억해야 할 소중한 유산이에요.

어휘 쏙쏙

- **국제 연합**: 제2차세계 대전 후 전쟁 방지와 세계 평화 유지를 위해 설립된 국제기구.
- **평화**: 전쟁이나 다툼 없이 서로 사이좋게 지내는 상태.
- **전쟁기념관**: 전쟁의 역사와 희생을 알리고 평화의 중요성을 알려 주는 곳.
- **참전비**: 전쟁에 참여한 사람들의 공을 기리고 기억하기 위해 세운 비석.

개념 이해

1. 초성을 보고, 빈칸에 알맞은 말을 써 보세요.

전쟁에서 함께 싸운 나라의 희생을 기리는 ㅊ ㅈ ㅂ 가 세워져 있어요.

2. 잘 읽고 맞게 설명한 것에는 ○, 잘못된 설명에는 X로 선택하세요.

① 국제 연합군은 군사적인 도움만 주고, 의료·구호 활동은 하지 않았다. (○, X)

② 전쟁기념관은 전쟁을 멋지게 보이게 하려는 곳이다. (○, X)

3. 6·25 전쟁 때 한국을 도운 군인이 현재의 우리나라를 본다면, 어떤 말을 할지 상상해서 써 보세요.

생각 톡톡

★ **친구들이 전쟁에 대해 이야기하고 있어요. ( ) 안의 알맞은 것에 ○표 하세요.**

다른 나라에서 (전쟁, 평화)이 일어나면 우리나라도 군인을 보내서 도와주는 게 맞을까?

당연하지. 그 나라를 도우면 (전쟁, 평화)를 지키는 데 도움이 될 수 있잖아.

그런데 우리나라 군인들이 위험해질 수도 있잖아. 다칠 수도 있고. 잘못하면 목숨도 잃는다고.

그렇지만 우리나라가 어려울 때 다른 나라가 도와줬으니까, 우리도 도와야 하지 않을까?

논리적 글쓰기

★ **다른 나라의 전쟁에 우리 군인을 파병하는 것이 옳을까요? 찬성과 반대 중 하나를 선택하고, 그렇게 생각하는 이유를 써 보세요.**

TIP 주장(찬성 또는 반대), 이유(찬성 때는 국제 협력, 평화 유지, 국제적 신뢰 관계, 경제와 안보의 이익, 반대 때는 자국 군인의 안전, 외교적 부담, 군사적 피해 가능성), 결론으로 써 보세요.

쉬어 가기

★ 전쟁기념관이나 국제 연합 참전비를 방문해 보고, 보고 느낀 점을 체험 보고서로 작성해 보세요. 만약 직접 방문이 어렵다면, 전쟁기념관 공식 홈페이지나 온라인 가상 체험관을 이용해 자료를 살펴본 뒤 작성해 보세요.

「체험 학습」보고서 ※ 보고서 제출 기한은 체험 학습 종료 후 (7)일 이내			담임	학년부장(전결)
성 명		학년 반	학년 반 번	
활동 기간	년 월 일 ~ 년 월 일(일)			
목적지 및 동반자	목적지			
	보호자(동반자)			
학습 형태	□가족 동반 여행( ) □친·인척 방문( ) □답사·견학 활동(○) □체험 활습( ) □가정 학습( )			
제 목				

* 체험 학습을 통해 느낀 점, 배운 점 등을 글이나 그림 등으로 학생이 체험 또는 학습한 내용을 기록합니다. (사진, 티켓 등은 별지에 부착)

위와 같이 「체험학습」 결과보고서를 제출합니다.

. . .

보호자: (인)

학생: (인)

03

타임머신

6·25 전쟁과 통일

키워드: 전쟁, 사회 기반 시설, 통일 의지

▲ 광복을 기뻐하며 만세를 부르는 사람들 © 국사편찬위원회

6 · 25 전쟁은 우리 민족에게 큰 피해와 깊은 상처를 남겼어요. 수많은 민간인과 군인이 목숨을 잃거나 다쳤고, 전 국토가 폐허가 되다시피 했어요. 산업 시설과 건물, 도로, 철도, 다리 등이 파괴되어 재산 피해가 막대했으며, 소중한 국가유산도 크게 훼손되었어요. 이때 국제기구인 국제 연합(UN)이 우리나라를 돕기 위해 많은 지원을 해 주었어요.

만약 전쟁 직후에 통일이 이루어졌다면, 한민족은 분단의 아픔 없이 하나의 국가로 함께 살아갔을 거예요. 이산가족은 헤어짐 없이 서로의 안부를 나누며, 부모 · 형제 · 친척과 함께 평범한 일상을 보냈을 거예요. 남과 북은 **자원**과 인력을 합쳐 경제를 더 빠르게 복구하고 발전시켰을 거예요. 무너진 **사회 기반 시설**을 함께 재건하고, 산업과 농업을 균형 있게 키워 나갔을 수도 있어요. 휴전선(군사 분계선)이나 비무장 지대가 없어 자유롭게 오갈 수 있었을 것이고, 이산가족의 슬픔도 생겨나지 않았을 거예요.

하지만 현실은 그렇지 않아요. 전쟁 이후 강대국들의 이해관계와 냉전 구도가 분단을 고착시켰고, 오늘날까지도 통일은 이루어지지 않았어요. 안타깝지만 우리는 과거를 기억하며 평화로운 **통일 의지**를 잃지 말아야 해요. 통일은 단순히 국토를 합치는 것이 아니라, 오랜 세월 끊어진 마음을 이어 주고 미래 세대를 위한 평화로운 한반도를 만드는 일임을 잊지 않아야 해요.

어휘 쏙쏙

- **자원**: 사람이 생활하고 경제 활동을 하는 데 이용할 수 있는 모든 것.
- **사회 기반 시설**: 한 사회와 국가가 유지 · 발전하는 데 필요한 기초적인 시설.
- **통일 의지**: 나뉜 국가나 지역을 하나로 합치려는 굳은 마음과 결심.

개념 이해

1. 초성을 보고, 빈칸에 알맞은 말을 써 보세요.

6·25 전쟁 이후 서로 총을 겨누던 자리가 ㅎ ㅈ ㅅ 이 되었다.

2. 잘 읽고 맞게 설명한 것에는 ○, 잘못된 설명에는 X로 선택하세요.

① 6·25 전쟁 이후 집, 학교, 도로, 공장, 철도가 대부분 파괴됐다. (○, X)

② 6·25 전쟁 이후 부모를 잃은 전쟁고아는 생각보다 많지 않았다. (○, X)

3. 6·25 전쟁이 일어나자 남한에 도움을 준 국제기구는 무엇일까요? 이 국제기구의 이름을 쓰고, 당시 파견된 군인들에게 감사의 편지를 써 보세요.

국제기구의 이름:

생각 톡톡

★ 친구들이 전쟁에 대해 이야기하고 있어요. ( ) 안의 알맞은 것에 ○표 하세요.

나는 (통일, 전쟁)이 꼭 필요하다고 생각해. 하나의 나라가 되면 국방비를 줄일 수 있고, 그 돈으로 경제 발전이나 복지에 더 쓸 수 있잖아.

그러면 좋겠지만 통일 과정에서 드는 비용이 너무 많아서 (문화, 경제)에 부담이 될 수 있어.

나는 오히려 북한의 자원과 인력을 함께 활용하면 경제가 더 좋아질 수도 있다고 생각해. 그리고 (이산가족, 이민가족)들의 아픔도 생각해야지.

그렇지만 남과 북은 오랫동안 말이 다르고 생각도 달랐잖아. 오히려 서먹서먹하지 않을까?

논리적 글쓰기

★ 통일은 반드시 해야 할까요? 찬성과 반대 중 하나를 선택하고, 그렇게 생각한 이유를 써 보세요.

TIP 주장(찬성 또는 반대), 이유(찬성일 때 평화 유지, 이산가족 문제 해결, 경제 및 사회 발전, 반대일 때 사회 제도 차이, 사회 갈등 가능성, 경제적 부담), 결론으로 써 보세요.

내가 토론왕

★ '북한이 전쟁을 일으킨 이유는 무엇일까? 왜 한반도에 전쟁이 일어난 걸까?'라는 주제로, 친구나 부모님과 함께 5Why 토론을 해 보세요.

5Why 토론

▲ 부산에 모인 피난민들

왜?'라는 질문을 다섯 번 반복하여 문제나 사건의 근본 원인을 깊이 파악하는 토론 방법이에요. 처음에는 겉으로 드러난 이유를 말하지만, 계속해서 '왜?'를 물으면서 더 깊고 근본적인 원인을 찾아가게 되지요. 예를 들어, "왜 전쟁이 일어났을까?" → "왜 남과 북이 대립했을까?" → "왜 서로 다른 정치 체제를 선택했을까?" 처럼, 질문의 단계에 따라 원인을 점점 더 깊이 탐구하는 거예요.

단계	질문	답변
1단계	왜 한반도에 전쟁이 일어났을까?	
2단계	왜 (1단계 답변)이 일어났을까?	
3단계	왜 (2단계 답변)이 생겼을까?	
4단계	왜 (3단계 답변)이 계속되었을까?	
5단계	왜 (4단계 답변)이 근본 원인일까?	

전쟁 속에서도 이어진 배움의 열기

▲ '피란학교 천막 교실'을 체험 중인 아이들

© 임시수도기념관

우리나라는 광복을 맞은 뒤, 얼마 지나지 않아 6 · 25 전쟁이 일어났어요. 하지만 전쟁의 참혹함 속에서도 사대문 안팎의 학교들은 대한민국 근대 교육의 불씨를 꺼뜨리지 않았어요. 총성이 울리는 마을에서도 아이들은 교과서를 들고 모여 공부를 이어 갔어요. 어떤 곳에서는 천막이나 폐허가 임시 교실이 되었고, 선생님과 학생들은 피난길에서도 함께 배움을 멈추지 않았어요.

서울의 많은 학교들이 부산과 대구 등 피난지에서도 수업을 계속 이어 갔고, 전쟁고아들을 위한 전쟁학교도 세워졌어요. 교실이라고 부르기 어려운 판잣집이나 노천에서도 아이들은 책을 펼쳤고, 책상과 의자는 변변치 않았지만 배움에 대한 열정만큼은 그 무엇보다 뜨거웠어요.

전쟁의 상처 속에서도 공부를 이어 갔던 학생들과 교사들의 노력 덕분에 휴전 이후 학교들이 다시 서울로 돌아와 사대문 안에서 새로운 배움터를 열 수 있게 한힘이 되었어요. 전쟁 속에서도 계속된 교육은 아이들에게 희망을 잃지 않게 해 주었고 오늘날 우리가 평화로운 교실에서 공부할 수 있다는 사실이 얼마나 소중한지 일깨워 주고 있어요.

역사 상식 | 인류가 함께 지켜야할 곳, 비무장 지대

▲ 비무장 지대 모습과 비무장 지대에서 발견된 고라니

비무장 지대(DMZ)는 전쟁이나 분쟁을 겪은 두 나라가 휴전을 하면서, 그 지역에서 어떤 군사 활동도 하지 않기로 약속한 곳을 말해요. 군대나 무기를 배치할 수 없고 무력 충돌도 금지된 지역이지요. 그래서 '중립 지대'나 '완충 지대'라고 볼 수 있어요.

우리나라의 비무장 지대는 1953년 정전 협정으로 만들어졌어요. 남과 북 사이에 군사 분계선이 생기고, 그 주변 2km씩을 비워 둔 지역이 바로 비무장 지대예요. 이곳은 군사적 긴장이 가장 높은 곳이지만, 아이러니하게도 사람의 발길이 닿지 않으면서 자연이 되살아난 공간이 되었어요.

지금은 멸종 위기종인 두루미, 반달가슴곰, 산양 등이 서식하는 생태의 보고가 되었어요. 비무장 지대는 전쟁의 상처를 간직한 곳이지만, 동시에 평화와 생명의 상징이기도 해요. 그래서 비무장 지대는 단순한 경계선이 아니라 전쟁과 평화가 공존하는 특별한 땅, 그리고 인류가 함께 지켜야 할 소중한 생태 · 역사 유산이에요.

인물 탐구 | 종군 기자, 데이비드 더글라스 던컨

▲ 종군 기자 데이비드 더글라스 던컨 기증 사진전
© 유엔평화기념관

6 · 25 전쟁은 총과 대포로만 기록된 전쟁이 아니었어요. 수많은 종군 기자와 사진가들이 카메라를 들고 전장을 누비며 전쟁의 진실을 세상에 전했어요. 그중 미국의 사진가이자 당시 종군 기자였던 데이비드 더글라스 던컨은 잡지 《라이프(LIFE)》를 통해 전쟁의 참혹한 현실을 세계에 알렸어요.

1950년 한국에 전쟁이 일어나자 던컨은 미 해병대와 함께 한국에 들어와 병사들의 피로한 얼굴, 피난민들의 행렬, 폐허가 된 마을 등을 카메라에 담았어요. 그의 사진은 전쟁을 미화하지 않고 인간의 고통을 있는 그대로 보여 주었어요. 던컨은 "전쟁이 사람을 어떻게 바꾸는지 보여 주고 싶었다"고 말했어요. 그는 총 대신 카메라로 싸운 사진가로, 평화의 소중함을 세상에 전한 인물로 남아 있어요.

계기교육 06

지구촌을 잇는 조직, 국제기구

국제기구는 세계 여러 나라가 함께 만든 협력 조직이에요. 두 나라 이상이 힘을 합쳐 문제를 해결하기 위해 만드는 단체이지요. 전 세계에는 약 240개의 국제기구가 있는데, 그중 가장 규모가 큰 기구가 바로 국제 연합이에요. 우리가 보통 유엔(UN)이라고 부르지요.

▲ 유엔기

유엔은 제2차 세계 대전이 끝난 뒤, 다시는 큰 전쟁이 일어나지 않도록 세계 평화와 안전을 지키기 위해 1945년에 만들어졌어요. 처음에는 51개 나라가 가입했지만 지금은 198개 나라가 참여해 거의 모든 국가가 함께 활동하고 있어요.

유엔은 인간의 기본 권리를 보호하고 각 나라가 서로 동등하게 대우받도록 노력해요. 또 국제 분쟁이 생기면 협상을 돕고, 필요할 때는 여러 나라의 군인으로 구성된 유엔군을 보내 분쟁을 막기도 해요. 유엔에는 총회, 안전보장이사회, 경제사회이사회, 국제사법재판소, 사무국 등 다양한 기관이 있어 여러 역할을 나누어 맡고 있어요.

사실 유엔보다 먼저 만들어진 국제기구가 있었어요. 바로 국제 연맹이에요. 제1차 세계 대전 후, 다시 전쟁이 일어나는 것을 막기 위해 미국의 윌슨 대통령이 국제기구 설립을 제안하면서 만들어졌지요. 처음에는 국가 간 약속을 지키게 하고 작은 분쟁을 해결하며 평화에 기여했지만, 일본, 독일, 이탈리아 등이 규칙을 지키지 않으면서 힘을 잃었어요. 설립을 주장했던 미국이 정작 가입하지 않은 점도 문제였어요. 결국 이런 약점 때문에 국제 연맹은 제2차 세계 대전을 막지 못했고 전쟁 중 기능을 잃고 말았어요.

전쟁이 끝난 뒤, 국제 연맹의 경험을 바탕으로 더 강력한 평화 기구가 필요해졌고, 그 결과로 유엔이 새롭게 만들어졌어요. 오늘날 유엔은 전쟁을 막고 세계 평화를 지키는 가장 중요한 국제기구로 활동하고 있어요.

함께 읽으면 좋은 책

- **『몽실 언니』**, 권정생 글, 이철수 그림, 창비
- **『왜 6.25 전쟁이 일어났을까?』**, 김광일 · 박지현 글, 남기영 그림, 자음과모음
- **『그해 유월은』**, 신현수 글, 최정인 그림, 스푼북
- **『우리 할아버지는 열다섯 살 소년병입니다』**, 박혜선 글, 장준영 그림, 위즈덤하우스

7월

신라

한반도를 통일한 나라, 신라

7월은 나라의 기틀을 세운 제헌절이 있는 달이에요. 제헌절은 1948년 대한민국 헌법이 제정된 날로, 국민의 권리와 자유를 지키기 위한 중요한 의미를 담고 있어요. 옛 신라가 삼국을 통일하며 한반도의 질서를 새롭게 세웠던 것처럼, 제헌절 역시 나라의 기반을 다진 날이지요. 7월에는 신라의 삼국 통일과 헌법 제정의 의미를 함께 배우며 나라를 세운 지혜와 노력을 되새겨 보세요.

01

사건 탐구

신라의 삼국 통일

키워드: 삼국 통일, 중앙 집권, 나당 동맹

약 1400년 전, 우리나라는 고구려, 백제, 신라 세 나라로 나뉘어 있었어요. 우리는 이 시기를 삼국 시대라고 불러요. 세 나라는 더 넓은 땅을 차지하기 위해 서로 전쟁을 벌였어요.

신라의 김춘추(훗날 무열왕)는 삼국을 통일해 강한 나라를 세우고자 했어요. 그는 먼저 백제를 공격하기 위해 고구려와 손잡으려 했지만 뜻을 이루지 못했어요. 그러자 김춘수는 당나라에 도움을 요청했어요. 당나라는 한반도 전체를 차지하려는 욕심이 있었지만 신라의 제안을 받아들였어요. 660년, 신라와 당나라는 동맹을 맺고 함께 백제를 무너뜨리고, 668년에는 고구려까지 정복했어요. 이후 당나라는 한반도 전체를 차지하려고 했어요. 이때 김유신 장군의 활약하여 676년에 당나라 세력을 몰아내고, 신라는 마침내 삼국 통일을 완성했어요.

신라의 삼국 통일은 우리 역사에서 처음으로 이루어진 정치적 통일이라는 점에서 큰 의미가 있어요. 신라는 통일 후 왕권을 강화하며 **중앙 집권 체제**를 확립했고, 이러한 체제는 고려와 조선으로 이어졌어요. 또한 불교를 국교로 삼아 발전시켰고, 삼국의 문화가 서로 교류하면서 한반도 문화의 기틀이 다져졌어요. 무엇보다 긴 전쟁이 끝나 백성들이 비교적 평화로운 삶을 누릴 수 있었지요.

하지만 신라의 삼국 통일은 당나라의 도움을 받았다는 점에서 완전한 **자주적** 통일이라고 보기는 어려워요. 또한 고구려의 만주 영토를 잃었고, 통일 과정에서 백제와 고구려의 **고유한** 문화가 일부 사라졌을 수도 있다는 가능성도 있어요.

어휘 쏙쏙

- **중앙 집권 체제**: 국가의 통치 권력이 지방이 아닌 중앙에 집중된 통치 형태.
- **자주적**: 남의 보호나 간섭을 받지 아니하고 자기 일을 스스로 처리하는 것.
- **고유하다**: 본래부터 가지고 있어 특유한 것.

개념 이해

1. 초성을 보고, 빈칸에 알맞은 말을 써 보세요.

ㅅ ㄹ 는 최초로 한반도를 통일한 나라이다.

2. 잘 읽고 맞게 설명한 것에는 O, 잘못된 설명에는 X로 선택하세요.

① 신라는 스스로 삼국을 통일했다. (O, X)

② 신라는 당나라의 도움을 전혀 받지 않았다. (O, X)

3. 신라의 삼국 통일 과정을 연도에 따라 작성해 보세요.

연도 / 있었던 사건

660년

668년

676년

생각 톡톡

★ 친구들이 이야기를 나누고 있어요. ( ) 안의 알맞은 것에 ○표 하세요.

(신라, 고구려, 백제)가 삼국을 통일한 건 위대한 일이야. 한반도에서 처음으로 하나의 나라가 된 거잖아.

맞아, 신라가 통일한 건 대단하지. 그렇지만 당나라의 힘을 빌렸다는 건 좀 아쉽지 않아?

하지만 신라가 통일을 했으니까, 그다음에 고려나 조선 같은 나라들도 나올 수 있었던 거 아닐까?

(전쟁, 통일)은 했지만 고구려의 영토를 거의 다 잃었기 때문에 안타까운 거야.

논리적 글쓰기

★ 여러분이 김춘추라면 어떤 선택을 했을까요? 자신의 생각에 ○표를 하고, 그렇게 생각한 이유를 써 보세요.

만약 내가 김춘추라면 (당나라에게 도움을 요청했을 것이다. / 다른 나라의 도움 없이 삼국을 통일할 것이다.)

쉬어 가기

★ 신라의 삼국 통일 과정에서 기억에 남는 사건이나 인물을 하나 골라, SNS에 올릴 인증 샷처럼 그림으로 표현해 보세요. 그림 아래에는 #해시태그로 설명이나 감상을 적어 보세요. (예 : #삼국통일 #신라 #신라가최고 #당나라저리가 등)

02

국가유산 탐구

첨성대와 경주 대릉원

키워드: 경주, 첨성대, 대릉원

▲ 첨성대

경주에는 신라의 왕권을 보여 주는 유적이 두 가지 있어요. 첫 번째는 세계에서 가장 오래된 천문대인 첨성대예요. 7세기 때 신라 선덕 여왕 때 세워졌으며, 높이는 약 9m예요. 네모난 **기단** 위에 원통형 구조가 올려져 있는 독특한 모습으로, 원통 부분은 부채꼴 모양의 **화강암**을 27단 쌓았어요. 이는 선덕 여왕이 27번째 왕이라는 뜻을 담고 있어요.

첨성대 남동쪽에는 창이 하나 있는데, 아래는 돌로 막혀 있고 위는 하늘로 열려 있어요. 내부 19~20단, 25~26단에는 길게 뻗은 돌이 맞물려 있어, 사다리를 걸고 오르내렸을 것으로 추정해요. 옛 기록에 "중간으로 올라간다"는 말이 남아 있는 것도 이를 뒷받침하지요. 돌의 수와 배치에도 뜻이 담겨 있어요. 약 365개의 돌은 1년 365일을, 창을 기준으로 아래 12단과 위 12단은 각각 12개월과 **절기**를 나타낸다고 해요. 맨 위 29~30단은 관측자가 오르내리던 자리로 여겨지고요. 네모난 기단은 땅, 그 위의 둥근 구조는 하늘을 상징해 고대 신라인의 우주관을 보여 주지요. 첨성대는 실제로 별과 달을 관측해 농사 시기를 정하는 과학 시설이자, 왕의 권위를 상징하는 건축물이었어요.

두 번째는 신라의 왕과 귀족들의 무덤이 모여 있는 경주 대릉원이에요. 『삼국사기』 기록에서 이름이 유래했으며, 약 12만 5400평에 달하는 부지에 23기의 무덤이 있어요. 고분에서는 금관 장식과 천마도 같은 귀중한 유물이 발견되었으며, 이를 통해 왕과 왕비의 권력이 얼마나 강했는지를 보여 줘요.

어휘 쏙쏙

- **기단**: 건축물의 터를 반듯하게 다듬은 다음에 터보다 한층 높게 쌓은 단.
- **화강암**: 땅속 깊은 곳에서 용암이 천천히 식으면서 만들어진 암석.
- **절기**: 한해를 스물넷으로 나눈, 계절의 표준이 되는 것.

개념 이해

1. 초성을 보고, 빈칸에 알맞은 말을 써 보세요.

첨성대는 하늘을 관측하는 곳이었다.

ㅅ ㄷ ㅇ ㅇ 시기에 만들어졌다.

2. 잘 읽고 맞게 설명한 것에는 ○, 잘못된 설명에는 X로 선택하세요.

① 첨성대의 365개의 돌은 1년 365일을 의미한다. (○, X)

② 첨성대는 신라 시대에 왕의 힘보다 백성의 힘이 더 컸다는 것을 보여 준다. (○, X)

3. 첨성대의 구조를 생각하며 어떤 의미를 담고 있는지 써 보세요.

구조	의미
화강암 27단	
365개의 돌	
아래 12단	
위 12단	

생각 톡톡

★ 친구들이 이야기를 나누고 있어요. ( ) 안의 알맞은 것에 ○표 하세요.

경주 대릉원에 가 본 적 있어? 고분이 엄청 커! 그중 (천마총, 무용총)에서는 귀중한 유물이 나왔대.

나도 들었어. 처음에 (천마총, 무용총)은 훨씬 컸는데, 유물을 발굴하는 과정에서 크기가 작아졌다고 하더라고. 왜 유물을 발굴하면서 무덤을 훼손해야 할까?

유물을 발굴하지 않았다면 우리는 역사에 대해 잘 알 수 없었을 거야. 그래서 발굴이 꼭 필요했던 게 아닐까?

맞아. 발굴은 과거로 통하는 창문과 같아. 옛사람들의 흔적을 엿볼 수 있으니까.

논리적 글쓰기

★ 유물 발굴은 역사 연구를 위해 꼭 필요할까요? 찬성과 반대 중 하나를 선택하고, 그렇게 생각한 이유를 써 보세요.

찬성/반대	이유

쉬어 가기

★ 신라를 나타내는 문구를 넣어, 경주의 문화가 느껴지는 책갈피를 디자인해 보세요.

예

- 문화로 여는 경주, 동아시아를 잇는 평화
- 시간을 넘어 문화의 향기를 만나는 곳, 경주
- 천년의 숨결, 흙으로 빚은 경주 도자기
- 경주에 오니 내 기분 신라

03

타임머신

나라를 위해 수련한 청소년들, 화랑도

키워드: 화랑도, 화랑도 정신

신라의 진흥왕은 나라의 힘을 키우기 위해 화랑도를 만들었어요. 화랑도는 신라의 청소년들이 모여 힘과 지혜를 기르던 수련 단체예요.

화랑도는 지도자인 화랑과 그들을 따르는 낭도로 나뉘었어요. 귀족 집안의 품행이 바른 젊은이를 화랑으로 뽑고, 그 아래에 많은 낭도들이 따랐지요. 김유신, 관창, 원술, 사다함 등 신라의 이름난 인물들 모두 화랑 출신이에요. 특히 김유신은 화랑 시절부터 뛰어난 리더십과 **전략**을 발휘해 훗날 삼국 통일의 영웅이 되었어요.

화랑도는 단순한 군사 조직이 아니라, 젊은이들의 나라 사랑과 올바른 인성을 배우는 인재 양성 제도였어요. 이들은 학문과 무예, 예술과 예절을 두루 배우며 인재로 성장했어요. 산과 강, 들판을 누비며 체력을 **단련**하고, 불교, 유교, 도교 사상을 익히며 마음을 다스렸어요. 또한 공동체 생활을 통해 협력심과 우애를 길렀어요.

또한 화랑들은 '**세속오계**'라는 다섯 가지 가르침을 소중히 여겼어요. 그 가르침은 친구를 소중히 여기고, 약속을 지키고, 부모와 임금에게 충성을 다하고, 전쟁이 일어나면 가장 앞서서 싸우고, 생명을 함부로 해치지 않는 것이었어요. 또한 전쟁이 끝난 뒤 평화로운 시기에는 백성을 돕고 지역 사회를 위해 봉사했어요.

어휘 쏙쏙

- **전략**: 전쟁을 전반적으로 이끌어 가는 방법.
- **단련**: 어떤 일을 반복하여 익숙하게 됨. 또는 그렇게 함.
- **세속오계**: 신라 화랑의 다섯 가지 계율.

개념 이해

1. 수호가 역사책을 보다가 낱말를 검색했더니 다음과 같이 나왔어요. 수호가 검색한 낱말은 무엇일까요? 검색창에 써 보세요.

진흥왕이 나라의 힘을 키우기 위해 만들었던 조직으로, 후일 삼국 통일에 크게 기여하였다.

2. 잘 읽고 맞게 설명한 것에는 ○, 잘못된 설명에는 X로 선택하세요.

① 김유신 장군은 화랑도 출신이다. (○, X)

② 화랑도는 고구려, 신라, 백제에 모두 있었다. (○, X)

3. 화랑도는 무엇을 배웠을까요? 틀리게 말한 친구를 골라 보세요.

생각 톡톡

★ **친구들이 이야기를 나누고 있어요. ( ) 안의 알맞은 것에 ○표 하세요.**

(만학도, 화랑도)라고 들어 봤어? 귀족 집안의 자식들도 훈련을 받았다고 해.

응. (만학도, 화랑도)에서 화랑은 귀족의 자제 중 뛰어난 사람으로 뽑았다고 해.

귀족이면 편하기만 할 줄 알았는데 아닌가 봐.

다른 백성들보다 모범이 되어야 하고 세속오계와 같은 규칙도 잘 지키며 훈련도 학문도 꾸준히 익혔다고 해.

논리적 글쓰기

★ **화랑도의 세속오계를 오늘날 우리 사회에 맞게 바꾼다면 어떻게 바꿀 수 있을까요? 빈칸에 나의 생각을 써 보세요.**

세속오계	현대 사회
임금에게 충성해라	
부모에게 효도해라	
친구와 믿음을 지켜라	
전쟁터에서 물러서지 마라	
살생은 함부로 하지 마라	

내가 토론왕

★ **오늘날에도 화랑도 같은 청소년 리더십 제도가 필요할까요? 가치 수직선 토론 방법 중 한 가지를 선택하고, 그렇게 생각한 이유를 써 보세요.**

가치 수직선 토론

논제에 대한 입장을 정해서 수직선 위에 표시하는 토론 방법으로, 찬반보다 나의 의견이 어느 쪽 의견에 더 가까운지 표시할 수 있다는 장점을 가지고 있어요.

필요하지 않다 — 잘 모르겠다 — 필요하다

	이유
(필요하지 않다, 잘 모르겠다, 필요하다)	

신라의 화백 회의

신라는 무력만으로 나라를 다스린 것이 아니라 법과 제도를 정비하며 통치 체제를 강화한 나라였어요. 특히 법흥왕 때 율령을 반포해 형벌과 복식, 제도의 기준을 마련했는데, 이는 중앙 집권 국가로 나아가는 중요한 전환점이 되었어요. 법이 마련되면서 사람들은 어떤 행동이 옳고 그른지 명확히 알 수 있었고, 나라는 안정되었지요.

또한 신라는 나라의 중요한 일을 결정할 때 왕 혼자 결정하지 않았어요. 귀족들이 모여 의견을 나고 합의를 이루는 '화백 회의'를 통해 중요한 국가 정책을 정했어요. 회백 회의는 신라의 귀족 회의 제도였고, 참석한 귀족의 만장일치를 원칙으로 했어요. 이 원칙 때문에 회의의 결정은 매우 신중했고, 한 사람의 반대 의견도 쉽게 무시되지 않았어요. '화(和)'는 의견을 모은다는 뜻이고, '백(白)'은 회의 결과를 왕에게 아뢴다는 뜻이에요.

회의는 주로 신라 최고 귀족인 상대등이 주관했어요. 왕이 직접 참석하지 않아도 상대등을 중심으로 귀족들의 의견이 모였고, 그 영향력은 막강했어요. 실제로 진지왕을 폐위시킨 중대한 결정도 화백 회의에서 이루어졌어요. 상대등은 때로 왕위 계승 후보로 여겨졌고, 신라 하대에는 왕권이 약해지면서 그 권한이 더욱 커졌어요. 그러나 화백 회의가 항상 왕권을 방해한 것은 아니에요. 오히려 귀족들이 서로 논의하고 협의를 이루는 과정은 나라의 방향을 안정적으로 잡는데 도움이 되었어요.

회백 회의는 오늘날의 국회와 비슷한 역할을 했어요. 귀족들의 만장일치를 원칙으로 한 이 제도는 세계사에서도 드물 정도로 특별한 정치 방식이었고, 신라가 천 년 동안 나라를 유지할 수 있었던 힘의 바탕이 되었어요.

역사 상식 | 경주 대릉원의 비밀

▲ 경주 대릉원 © 경주시청(왼쪽), 천마총에 나온 금관 장식 © 국가유산청(오른쪽)

경주의 대릉원에는 거대한 고분들이 줄지어 서 있어요. 이곳에는 신라의 역대 왕들이 잠들어 있어요. 신라 사람들은 이곳을 특별하게 관리하며 신궁을 세워 제사를 지내며 왕들의 넋을 기렸지요. 특히 신라의 왕들이 가장 존귀하게 모셨던 미추왕도 이곳에 모셔져 있어요. 그런데 왜 이렇게 커다란 왕릉을 도시 한가운데 만들었을까요? 새 왕이 즉위하면 귀족과 백성들은 불안했을 거예요. 왕은 이런 마음을 다독이고 강력한 왕권을 세우기 위해 선왕의 무덤을 크고 위풍당당하게 만들었어요. 백성들은 무덤에 묻힌 선왕이 자신들을 굽어본다고 믿었지요. 이중 황남대총, 천마총, 금관총 같은 고분에서는 금관 장식과 수많은 유물이 발견되었어요. 이때 무덤의 크기와 부장품은 신분과 관력을 나타내며, 신라 사회가 법과 질서에 따라 움직였다는 사실을 보여 줘요. 경주 대릉원은 지금도 신라의 왕권과 사회 제도를 알려 주는 소중한 국가유산이에요.

인물 탐구 | 삼국 통일의 주역, 김유신

▲ 경주의 김유신 무덤 © 한국민족문화대백과사전

김유신은 삼국 통일의 주역이 된 신라의 명장이에요. 595년(진평왕 17년), 김서현과 만명 부인 사이에서 태어나 15세에 화랑이 되어 낭도들을 이끌었어요.

629년, 낭비성 전투에 처음 출전해 고구려군의 적장을 베어 승리를 이끌며 이름을 알렸지요. 이후 여러 전투에서 백전백승하며 신라 최고의 장군으로 성장했어요. 642년에는 압량주 군주가 되었고, 647년 비담과 염종의 반란을 진압해 나라의 안정을 지켰어요.

김유신은 태종 무열왕(김춘추)과 손을 잡고 삼국 통일의 기틀을 세웠어요. 그는 뛰어난 전술뿐 아니라 충성과 인품으로도 존경받았어요. 부하를 사랑으로 이끌고, 공을 세워도 자만하지 않았으며, 언제나 나라를 먼저 생각했어요. 또한 김유신은 망한 금관가야의 후손으로 신라 왕족이 아니었지만, 성실함과 노력으로 불리한 출신을 극복했어요. 죽은 뒤에는 '흥무대왕'이라는 칭호를 받아 그의 공로와 덕망이 얼마나 높았는지를 보여 주었어요.

계기교육 07

제헌절은 어떤 날일까요?

7월 17일은 우리나라가 처음으로 헌법을 만든 날을 기념하는 제헌절이에요. 1945년 광복 이후 우리나라는 독립했지만, 나라를 운영할 법과 제도가 아직 마련되지 않아 혼란이 있었어요. 그래서 대한민국을 안정적으로 세우기 위해 새로운 법, 즉 헌법을 만드는 일이 무엇보다 필요했어요. 마침내 1948년 7월 17일, 제헌국회에서 대한민국 헌법이 제정되었고 이 날을 기념해 제헌절이 만들어졌어요.

헌법은 나라의 가장 기본이 되는 법으로, 모든 법의 바탕이 돼요. 우리나라가 자유민주주의 국가로 운영되기 위한 원칙과 규칙이 담겨 있으며, 국민의 권리와 의무, 나라가 움직이는 방식도 헌법에 적혀 있어요. 인간의 존엄과 가치, 자유와 평등, 사회적 기본권처럼 국민이 존중받아야 할 중요한 내용도 포함되어 있지요.

헌법이 중요한 이유는 나라가 올바른 방향으로 나아가도록 기준을 세워 주고, 국민의 자유와 권리를 지켜 주기 때문이에요. 그래서 헌법은 흔히 '법 위의 법'이라 불리며, 모든 법은 헌법을 바탕으로 만들어져요.

제헌절은 우리나라의 기틀을 세운 날로, 대한민국이 어떤 나라를 목표로 삼았는지 되돌아보는 뜻깊은 날이에요.

함께 읽으면 좋은 책

- **『세빈아, 오늘은 어떤 법을 만났니?』**, 신주영 글, 순미 그림, 토토북
- **『세상에 이런 법이 있다고?』**, 박효연 글, 박선하 그림, 스푼북
- **『어느 날, 헌법이 말했습니다』**, 남상욱 글, 김일경 그림, 상상의집
- **『여기는 바로섬 법을 배웁니다』**, 안소연 글, 양광희 그림, 천개의바람
- **『헌법을 읽는 어린이』**, 임병도 글, 윤지회 그림, 사계절

8월

근대 ①

일본의 침략과 광복을 향한 노력

8월은 우리 민족이 되찾은 빛의 의미를 되새기는 달이에요. 1945년 8월 15일, 우리는 일제 강점기에서 벗어나 자유와 주권을 되찾았지요. 광복절은 나라를 위해 희생한 분들의 뜻을 기리고, 대한민국의 소중함을 생각해 보는 날이에요. 8월에는 광복의 의미와 독립운동가들의 용기를 함께 배우며 우리 역사의 가치를 되새겨 보세요.

01
사건 탐구

1930년대의 독립운동

키워드: 독립운동, 무장 투쟁

▲김구

1930년대에 들어서면서 일본의 식민지 **억압**은 점점 심해졌어요. 농민과 노동자들은 권리를 지키기 위해 단체를 만들었고, 정치 투쟁도 거세졌지요. 일본은 민족 말살 정책을 추진하며 우리 민족의 뿌리를 없애려 했어요. 이에 맞서 독립운동가들은 민족 문화를 지키기 위한 활동을 계속 이어 갔어요. 1931년에는 조선어학회가 세워져 한글을 연구했고, 신문과 잡지를 통해 한글 교육도 계속되었어요. 역사학자들은 한국사를 연구하며 우리 역사를 지키려 노력했어요. 또한 예술과 문학 활동도 활발히 이어졌어요.

무장 투쟁도 계속됐어요. 1931년, 김구 선생은 한인애국단을 창설하며 본격적인 독립운동을 시작했어요. 1932년, 이봉창 의사는 일본 천황을 저격하려 했으나 실패했고, 같은 해 윤봉길 의사는 상하이 훙커우 공원에서 폭탄을 던져 일본군 고위 장성을 **처단**했어요. 이 사건으로 **위축**됐던 대한민국 임시 정부는 다시 힘을 얻었고, 해외의 무장 투쟁도 활발해졌어요.

만주 남부에서는 양세봉 장군이 이끄는 조선혁명군이 중국 부대와 힘을 합쳐 여러 전투에서 승리했어요. 북부에서는 지청천 장군의 한국독립군이 중국 부대와 함께 쌍성보 전투와 대전자령 전투 등에서 일본군과 싸웠어요. 1935년에는 김원봉이 여러 단체를 모아 한국민족혁명당을 세웠고, 이후 임시 정부와 합류해 1940년 한국광복군을 조직했어요. 김원봉은 중국 팔로군과 함께 전투를 치르며 일본군을 물리쳤고, 1942년에는 다른 단체와 함께 조선의용군을 만들었어요. 1945년 8월 15일, 수많은 독립운동가들의 희생과 노력 덕분에 우리나라는 마침내 자유와 독립을 되찾고 광복을 맞이했어요.

어휘 쏙쏙

- **억압**: 자기의 뜻대로 자유로이 행동하지 못하도록 억지로 억누름.
- **무장**: 전투에 필요한 장비를 갖춤.
- **처단**: 결단을 내려 처치하거나 처분함.
- **위축**: 어떤 힘에 눌려 졸아들고 기를 펴지 못함.

개념 이해

1. **초성을 보고, 빈칸에 알맞은 말을 써 보세요.**

우리나라는 1945년 8월 15일, 일제의 식민지 상태에서 벗어나 ㄱ ㅂ 을 맞이 했다.

2. **잘 읽고 맞게 설명한 것에는 ○, 잘못된 설명에는 X로 선택하세요.**

① 1932년 이봉창 의사의 일본 천황 저격은 성공했다. (○, X)

② 우리나라 독립운동가들은 중국, 만주 등 다양한 곳에서 독립운동을 펼쳤다. (○, X)

3. **만약 내가 일제 강점기에 살았다면 어떻게 살았을까요? 나의 생각을 써 보세요.**

생각 톡톡

★ 친구들이 이야기를 나누고 있어요. ( ) 안의 알맞은 것에 ○표 하세요.

너는 어떤 (독립운동가, 만화가) 가 가장 멋지다고 생각해?

나는 안중근 의사를 가장 멋지다고 생각해.

왜 그렇게 생각해? 나는 조선어 학회처럼 우리말을 지키려던 사람들이 멋지더라구.

안중근은 1909년에 (이토 히로부미, 기무라 하야토미)를 암살했고, 성공했잖아. 그래서 국민적 영웅이라고 생각해.

논리적 글쓰기

★ 만약 나라면 물리적인 독립운동과 평화적인 독립운동 중 어떤 것을 선택할까요? 자신의 생각에 ○표를 하고, 그렇게 생각한 이유를 써 보세요.

만약 나라면 (물리적인 독립운동 / 평화적인 독립운동)을 할 것이다. 왜냐하면

쉬어 가기

★ 태극기에는 흰 바탕에 태극과 사괘가 있어요. 태극기의 의미를 알아본 뒤 태극기를 색칠해 보세요.

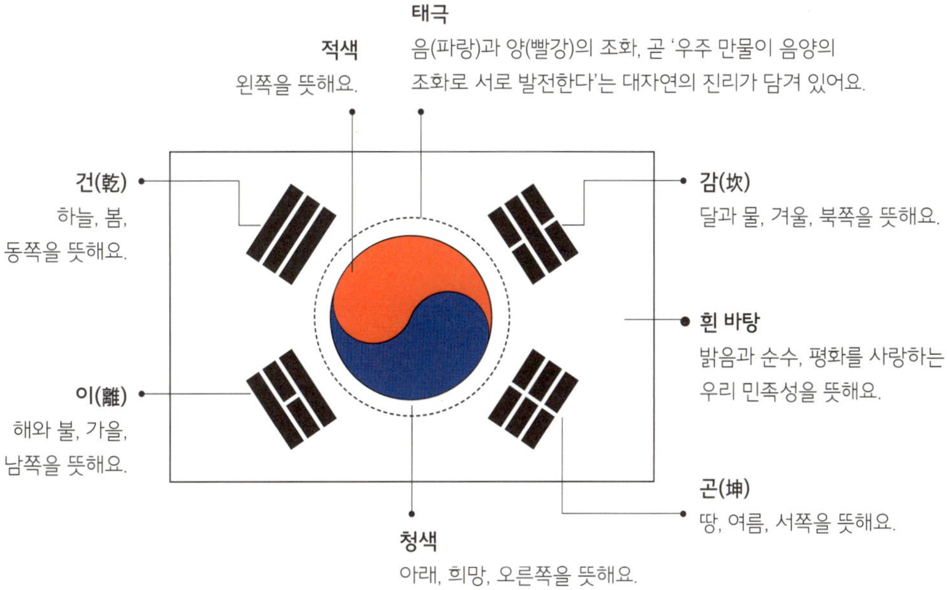

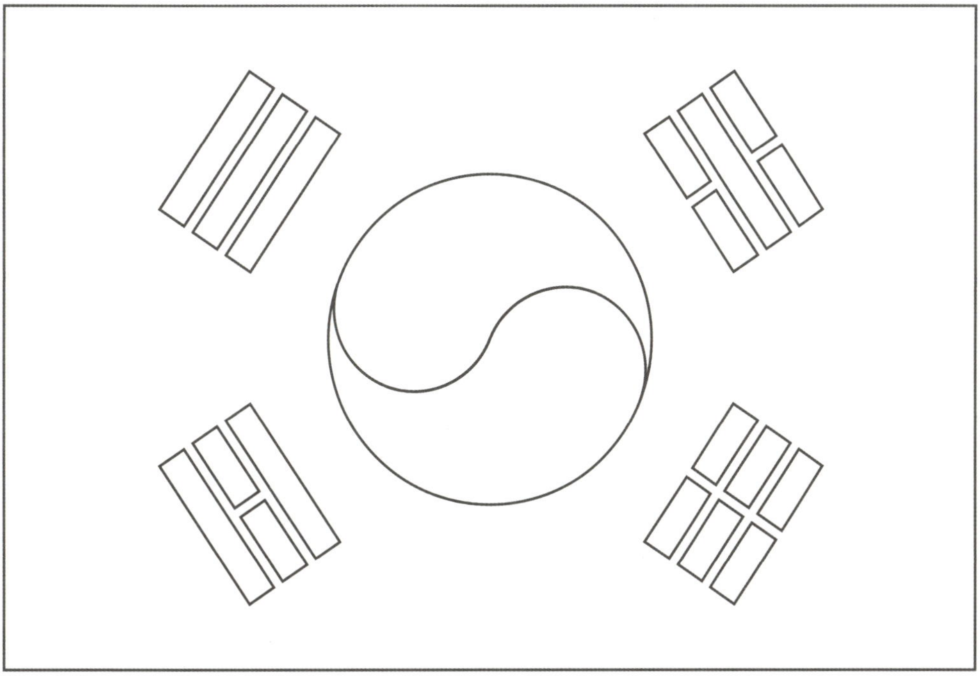

02

국가유산 탐구

서대문 형무소 역사관

키워드: 독립운동, 서대문 형무소, 감옥

▲ 서대문 형무소 역사관

서대문 형무소는 1908년 일제가 세운 근대식 감옥으로, 1945년 광복 전까지 수많은 항일 독립운동가들이 수감되었어요. 1945년 해방 후에는 서울구치소로 이름이 바뀌어 1987년까지 사용되었으며, 민주화 운동 인사들도 이곳에서 **옥고**를 치렀어요. 그래서 서대문 형무소는 한국 근 · 현대사의 아픔과 투쟁이 함께 담긴 공간이에요.

1987년 서울구치소가 경기도 의왕시로 이전한 뒤 건물과 부지는 보존되었고, 1998년 서대문 형무소 역사관(사적 제324호)으로 개관했어요.

서대문 형무소 역사관에는 옛 감옥 건물, 옥사, 사형장, 옥중 고문실 등이 당시 모습과 가깝게 복원되어 있어요. 옥중 설비, 고문 도구, 수감복 같은 실물 자료들도 전시되어 있어, 일제의 **탄압** 실태를 생생히 보여 줘요. 좁은 독방에 직접 들어가 보거나 차가운 바닥을 체험하는 프로그램도 있어, 당시 **수감자**들의 고통을 조금이나마 느껴 볼 수 있지요.

서대문 형무소 역사관은 단순한 건축물이 아니에요. 독립과 민주를 위해 싸운 사람들의 희생과 신념을 기억하는 상징이에요. 이곳을 찾는 사람들은 과거의 아픔을 배우고, 오늘의 자유를 지키는 책임을 되새기게 된답니다.

어휘 쏙쏙

- **옥고**: 옥살이를 하는 고생.
- **탄압**: 권력이나 무력 따위로 억지로 눌러 꼼짝 못하게 함.
- **수감자**: 구치소나 교도소에 갇혀 있는 사람.

개념 이해

1. 초성을 보고, 빈칸에 알맞은 말을 써 보세요.

[ㅅ][ㄷ][ㅁ] [ㅎ][ㅁ][ㅅ]는 1908년에 일제가 세운 근대식 감옥으로

광복 전까지 [ㄷ][ㄹ][ㅇ][ㄷ][ㄱ]들이 수감되어 있었다.

2. 잘 읽고 맞게 설명한 것에는 ○, 잘못된 설명에는 X로 선택하세요.

① 서대문 형무소는 1945년 광복 이후에도 서울 구치소로 사용되었다. (○, X)

② 서대문 형무소 역사관에서는 독립운동가들의 유품과 수형 기록을 전혀 볼 수 없다. (○, X)

3. 다음은 서대문 형무소에 대해 잘못 말한 친구를 모두 골라 ○표 하세요.

아현	재민	민호	시온

생각 톡톡

★ 친구들이 이야기를 나누고 있어요. (   ) 안의 알맞은 것에 ○표 하세요.

(서대문 형무소, 역사박물관)라고 들어본 적 있어? 일제 강점기 때 우리나라 독립운동가들을 가두었던 곳이래.

응, 나도 텔레비전에서 본 적 있어. 방이 엄청 좁고 답답하더라. 그곳에 갇혀 있던 사람들은 얼마나 힘들었을까?

너는 (서대문 형무소, 역사박물관)에 직접 가 보면 어떤 느낌이 들 것 같아?

생각만 해도 너무 슬프고 마음이 아파. 그곳에서 독립운동가분들이 얼마나 대단한 일을 하셨는지에 대해 다시 한번 공부해야겠다고 생각했어.

논리적 글쓰기

★ 서대문 형무소처럼 역사적 아픔이 있는 장소를 없애지 않고 남겨 두는 게 좋을까요? 찬성과 반대 중 하나를 선택하고, 그렇게 생각한 이유를 써 보세요.

찬성/반대	이유

쉬어 가기

★ **내가 만약 서대문 형무소에 갇힌 독립운동가라고 상상해 일기를 써 보세요.**

년 월 일 요일 날씨

제목 :

03

타임머신

내 가족이 안중근이라면?

키워드: 안중근, 독립운동, 이토 히로부미

▲ 안중근

1879년 9월 2일 황해도 해주부 광석동에서 아버지 안태훈, 어머니 조마리아 여사 사이에서 3형제 중 장남으로 태어났어요. 1910년 3월 26일에 **순국**한 안중근은 대한민국에서 가장 유명한 독립운동가예요.

안중근은 천주교 신앙의 영향을 받아 교육 활동에 앞장섰던 인물이었어요. 세례명은 도마(토마스)였지요. 그는 늘 나라의 독립이 가장 중요하다고 믿으며 살았어요.

일본이 **을사조약**을 통해 우리나라의 외교권을 빼앗자, 안중근은 본격적인 항일 애국 계몽 운동을 준비했어요. 하지만 국내에서는 의병 활동과 군사 훈련이 부족해 한계를 느꼈고, 결국 블라디보스토크로 **망명**해 무장 투쟁을 결심했어요. 안중근을 비롯한 11명의 독립운동가들은 동의단지회를 결성했어요. 그들은 왼손 넷째 손가락을 잘라 '대한독립'이라고 혈서를 쓰며, 나라의 독립운동을 위해 목숨을 바치겠다는 굳은 결의를 다졌어요.

1909년 10월 26일, 안중근은 하얼빈 역에서 일본의 통감이자 조선 침략의 핵심 인물인 이토 히로부미를 권총으로 쏘아 처단했어요. 바로 러시아 군인들에게 잡혀간 안중근은 일본에 넘겨져 재판을 받게 되었어요. 재판이 끝난 뒤 1910년 3월 26일 오전 10시, 중국 뤼순 감옥에서 교수형으로 순국했지요. 안중근은 조국의 독립을 위해 목숨을 바친 대표적인 인물이에요. 적을 직접 처단하며 조선의 독립 의지를 드높인 그는 훗날 안중근 의사라 불리게 되었어요. 지금도 많은 사람들이 그의 용기와 희생을 깊이 기리고 있어요.

어휘 쏙쏙

- **순국**: 나라를 위하여 목숨을 바침.
- **을사조약**: 대한 제국 광무 9년(1905)에 일본이 한국의 외교권을 빼앗기 위하여 강제적으로 맺은 조약.
- **망명**: 혁명 또는 그 밖의 정치적인 이유로 자기 나라에서 탄압이나 위협을 받는 사람이 이를 피해 다른 나라로 나감.

개념 이해

1. 다음은 독립운동을 위해 애쓴 안중근의 업적이에요. 빈칸에 들어갈 말을 <보기>에서 골라 써 보세요.

보기 | 블라디보스토크 이토 히로부미 조선 총독부 만주 동의단지회

① 국내에서 항일운동을 하다가 (　　　　　　)로 망명했다.

② 안중근은 11명의 독립운동가들과 함께 (　　　　　　) 를 결성했다.

③ 1909년 10월 26일, 하얼빈 역에서 일본의 통감인 (　　　　　　)를 권총으로 쐈다.

2. 일제 강점기 때 3·1 운동에 참여한 사람은 어떤 마음이었을까요? 나라면 그때 3·1 운동에 참여했을까요, 아니면 참여하지 않았을까요? 두 가지 중 하나를 선택하고, 그렇게 생각한 이유를 써 보세요.

생각 톡톡

★ 친구들이 이야기를 나누고 있어요. ( ) 안의 알맞은 것에 ○표 하세요.

독립운동가들은 정말 대단한 것 같아. (이범수, 안중근) 의사는 정말 존경스러워.

맞아, 정말 위대한 일을 하셨어. 그런데 (가족, 적)들의 마음은 어땠을까?

나라를 위한 일이니까, 응원하지 않았을까?

물론 그랬겠지만, 그래도 걱정도 되고 속상했을 것 같아.

논리적 글쓰기

★ 안중근 의사의 용기와 희생 정신을 우리가 배운다면, 그 마음을 어떻게 실천할 수 있을까요? 나의 생활과 연관지어 생각해 보고, 글로 써 보세요.

내가 토론왕

★ '내 가족이 안중근이라면 독립운동을 찬성했을까?'라는 주제로 토론해 보고, PMI 토론 방법에 맞춰 나의 생각을 써 보세요.

PMI 토론

PMI 토론은 P(Plus), M(Miuns), I(Interesting)의 약자로, 어떤 주제의 좋은 점(P), 아쉬운 점(M), 흥미로운 점이나 대안(I)을 정리하며 진행하는 토론이에요.

좋은 점(P)	
아쉬운 점(M)	
흥미로운 점 혹은 대안(I)	

1945년 8월 15일 광복

1910년 8월 29일, 일본은 무력으로 대한 제국을 강제로 합병했어요. 우리는 이 날을 한일 병합 조약(경술국치)라고 부르며, 나라의 주권을 빼앗긴 가장 슬픈 날로 기억하고 있어요. 그 뒤 35년 동안 우리나라는 일본의 강압적인 통치를 받으며 고통스러운 시간을 보냈어요. 일본은 우리의 이름을 일본식으로 바꾸게 하는 창씨개명을 강요하고, 학교에서는 한국어 사용을 금지했어요. 또 토지를 조사한다는 이유로 농민들이 일구던 땅을 빼앗았고, 청년들은 전쟁터와 공장에 끌려가 강제로 노동해야 했어요. 심지어 머리카락을 자르게 하는 단발령까지 내리며 우리의 생활방식을 바꾸려 했지요. 하지만 우리 민족은 끝까지 포기하지 않았어요. 독립운동가들은 목숨을 걸고 독립을 위해 싸웠고 나라를 되찾기 위해 노력했어요.

그러던 중 제2차 세계 대전이 일어났어요. 미국이 일본의 히로시마와 나가사키에 원자폭탄을 떨어뜨리자, 큰 피해를 입은 일본은 결국 항복을 선언했어요. 그리고 마침내 1945년 8월 15일, 우리나라는 35년 만에 광복을 맞이했어요. '광복'은 '빛을 되찾다'라는 뜻으로, 단순히 독립이 아니라 빼앗겼던 주권을 되찾은 '해방'을 의미해요. 사람들은 "대한 독립 만세!"를 외치며 기쁨의 눈물을 흘렸어요.

광복 소식이 전해지자 대한민국 임시 정부의 주석 김구 선생과 이승만 등 독립운동가들이 귀국했어요. 하지만 김구 선생은 우리 힘으로 광복을 이루지 못한 것을 안타까워했어요. 그래도 온 국민이 함께 외친 "대한 독립 만세!"의 함성은, 다시는 나라를 빼앗기지 않겠다는 굳은 다짐으로 우리 마음속에 남았어요.

문화 탐방 | 대한민국 임시 정부의 마지막 청사, 경교장

백범 김구는 우리나라가 외세의 힘에 의존하지 않고 스스로의 힘으로 자주독립을 이루길 바랐어요. 그는 공산주의와 독재 정권에 모두 반대하며, 분단이 아닌 하나의 민족으로 통일된 나라를 세우는 것을 평생의 목표로 삼았지요. 대한민국 임시 정부의 주석으로서, 해방 후에도 통일 정부 수립을 위해 끊임없이 노력했어요.

▲ 경교장 © 서울시

1945년 광복 후 김구는 임시 정부 요인들과 함께 귀국해 서울 종로구의 경교장에 머물렀어요. 원래 일제 강점기 때 부호 최창학의 저택이던 이곳은 임시 정부의 마지막 청사로 사용되었지요. 김구는 이곳에서 신탁통치 반대 운동과 남북 통일을 위한 회의를 지휘하며 혼란한 해방 정국을 수습하려 노력했어요.

그러나 김구의 통일에 대한 열망은 끝내 비극으로 마무리되었어요. 1949년 6월 26일, 경교장에서 업무를 보던 중 미군 방첩대 소속 안두희가 쏜 총에 맞아 서거했어요. 김구의 죽음은 온 국민을 슬픔에 빠뜨렸고, 장례는 국민장으로 치러져 효창원에 안장되었어요.

경교장은 이후 외국 대사관저, 미군 시설, 병원 등으로 사용되다가 2005년 사적 제465호로 지정되어 복원되었어요. 지금은 백범 김구의 삶과 뜻을 기리는 전시관으로 운영되고 있어요. 전시실에는 당시 회의실, 집무실, 그리고 김구가 서거한 자리와 그의 피 묻은 옷이 보존되어 있어요.

역사 상식 | 민족 말살 정책

일본은 1930년대부터 만주사변, 중일전쟁, 태평양 전쟁을 일으키며, 부족한 군사와 노동력을 조선인으로 동원하기 위해 민족 말살 정책을 실시했어요. 그들은 '내선일체', 즉 일본과 조선은 하나라는 거짓된 구호를 내세워 한국인의 전통과 문화를 없애고, 일본에 충성하는 '황국 신민'으로 만들려 했어요. 이름을 일본식으로 바꾸게 하는 창씨개명, 한글 신문 폐간, 학교에서의 일본어 강요, 신사 참배 강요, 황국 신민 서사 암송이 모두 그 일환이었지요. 이를 거부하거나 한국말을 쓰는 사람들은 무자비한 폭력과 감옥살이를 당했어요.

▲ 신사 참배 모습

이처럼 일본의 식민 통치는 우리 민족의 언어와 역사, 신앙, 정신을 뿌리채 없애고 일본인으로 동화시키려는 치밀한 정책이었어요. 그러나 수많은 한국인들은 이에 굴하지 않았어요. 언론인들은 몰래 독립신문을 만들고, 교사들은 학생들에게 우리말을 가르쳤으며, 종교인들은 신사 참배를 거부하며 신앙과 자유를 지켰어요. 독립운동가들은 목숨을 걸고 조국의 해방을 위해 싸웠어요. 결국 이러한 저항의 힘이 모여 광복의 밑바탕이 되었고, 우리 민족은 끝내 나라를 되찾을 수 있었어요.

계기교육 08

광복과 대한민국 정부 수립 과정

1945년 8월 15일, 우리 민족은 일제 강점기 35년 만에 광복을 맞이했어요. 광복은 독립을 위해 싸운 독립운동가들의 노력과 제2차 세계 대전에서 일본이 패망한 결과로 이루어진 소중한 결과였지요. 광복 소식이 전해지자 사람들은 태극기를 들고 거리로 나와 "대한독립 만세!"를 외치며 기쁨을 나누었어요. 감옥에 갇혀 있던 많은 독립운동가도 석방되었고, 미국의 이승만과 중국 임시 정부를 이끌던 김구 등 해외 독립운동가들도 조국으로 돌아왔어요.

▲ 일본의 항복 문서에 서명하는 아베 노부유키(1945년 9월) © 국사편찬위원회

광복절은 일본에게 빼앗긴 나라의 주권을 되찾은 1945년 8월 15일과, 대한민국 정부가 수립된 1948년 8월 15일을 함께 기념하는 날이에요. 이 날을 기억하는 것은 독립을 위해 헌신한 분들의 희생에 감사하며 자유와 평화의 가치를 되새기는 의미가 있어요.

그러나 광복 후 한반도는 새로운 어려움에 직면했어요. 일본군의 무장 해제를 이유로 미국과 소련이 각각 남과 북에 진주하며 38도선을 기준으로 두 진영이 나뉘었기 때문이에요. 이후 미국, 영국, 소련은 모스크바에서 회의를 열어 한반도에 임시 민주 정부를 세우고, 최고 5년간 신탁 통치를 실시하자는 결정을 내렸어요. 이 소식이 전해지자 국내에서는 신탁 통치를 둘러싸고 찬반이 갈리며 큰 혼란이 일어났어요.

미 · 소 공동 위원회는 두 차례 열렸지만 서로 다른 이념 때문에 합의에 실패했고, 결국 문제는 유엔(UN)으로 넘어갔어요. 유엔은 선거가 가능한 지역에서 총선거를 실시하도록 결정했고, 1948년 5월 10일 총선거가 진행되었어요. 그 결과 같은 해 8월 15일 대한민국 정부가 수립되었고, 북쪽에서는 9월 9일 조선민주주의인민공화국이 세워졌어요. 이렇게 하나였던 나라는 두 국가로 갈라지게 되었어요.

함께 읽으면 좋은 책

- **『나비가 된 소녀들』**, 정란희 글, 이영림 그림, 현암사
- **『돌아오지 않은 광복선』**, 김경수 글, 서영경 그림, 단비어린이
- **『맞바꾼 회중시계』**, 김남중 글, 이강훈 그림, 토토북
- **『우리반 홍범도』**, 정명섭 글, 정용환 그림, 리틀씨앤톡

9월

백제

찬란한 문화를 꽃피운 나라, 백제

9월은 가을이 깊어지며 풍요로움을 느끼는 달이에요. 특히 추석은 한 해 수확에 감사하며 가족이 모여 조상을 기리는 우리 민족의 큰 명절이지요. 이런 감사의 마음은 오래전 백제 사람들도 같았어요. 백제는 풍요로운 자연환경과 활발한 교류를 바탕으로 아름다운 문화와 기술을 꽃피운 나라예요. 9월을 맞아 백제가 남긴 문화와 그 속에 담긴 지혜를 함께 살펴보며, 우리 역사와 전통의 소중함을 되새겨 보세요.

01

사건 탐구

백제 부흥 운동

키워드: 백제 부흥 운동

660년, 신라와 당나라 연합군에게 패배한 백제는 마지막 왕인 의자왕이 사비성을 빠져나와 도망쳤어요. 그때 사비성에는 부여태가 왕을 대신해 지키려 했지만 끝내 성이 **함락**되었지요. 곧 웅진성의 성주였던 예식진이 **쿠데타**를 일으켜 의자왕을 체포하고 **투항**하면서 백제는 멸망했어요.

백제가 멸망한 뒤, 신라와 당나라 연합군은 백제 지역을 통치하기 위해 웅진 도독부를 설치하고, 여러 지역을 새로 개편했어요. 하지만 이 과정에서 당나라의 군대가 많은 **만행**을 저질렀을 것으로 추정해요.

한편 '도침', '귀실복신' 같은 인물들이 백제 부흥을 꿈꾸며 저항을 시작했지요. 이들은 사비와 웅진에 주둔한 당나라 군대를 공격했고, 고구려의 도움을 받으며 옛 백제 땅을 되찾으려 했어요. 663년, 백강에서 백제 부흥군과 왜(일본) 군대가 힘을 합쳐 신라와 당나라 연합군과 맞섰어요. 하지만 백강 전투에서 결국 신라와 당나라 연합군이 승리하면서 백제 부흥 운동은 막을 내렸어요. 이후 신라는 당나라와 직접 맞서 싸우며 웅진도독부를 무너뜨리고, 나당 전쟁에서도 승리했어요. 결국 신라는 삼국을 통일할 수 있었지요.

어휘 쏙쏙

- **함락**: 적의 성이나 요새 따위를 공격하며 무너지거나 점령 당함.
- **쿠데타**: 무력으로 정권을 빼앗는 일.
- **투항**: 적에게 항복함.
- **만행**: 야만스러운 행동.

개념 이해

1. 초성을 보고, 빈칸에 알맞은 말을 써 보세요.

ㅂ ㅈ ㅂ ㅎ ㅇ ㄷ 은 신라와 당나라 연합군에 멸망했지만,

사비성과 주류성을 중심으로 백제를 다시 일으켜보고자 했던 사건이다.

2. 잘 읽고 맞게 설명한 것에는 ○, 잘못된 설명에는 X로 선택하세요.

① 백제는 신라와 당나라 연합군에 의해 멸망하였다. (○, X)

② 백제 부흥 운동은 백제가 멸망한 뒤 백제 지역 곳곳에서 일어났다. (○, X)

3. 내가 백제의 마지막 사람이라면 어떤 기분이 들었을까요? 그때 느꼈을 나의 감정을 써 보세요.

생각 톡톡

★ 친구들이 이야기를 나누고 있어요. ( ) 안의 알맞은 것에 ○표 하세요.

백제에 (부흥 운동, 금 모으기 운동)이 일어났다는 거 알고 있어?

그게 뭐야?

(백제, 후백제)가 멸망했지만 다시 백제를 세워보고자 노력한 운동이야.

와, 정말? 대단하네!

논리적 글쓰기

★ 백제 부흥 운동은 용기 있는 일이었을까요? 무모한 시도였을까요? 두 가지 중 하나를 선택해서 ○표를 하고, 나의 생각을 써 보세요.

나는 백제 부흥 운동이 (용기 있는 일 / 무모한 시도) 였다고 생각한다. 왜냐하면

쉬어 가기

★ 백제 부흥 운동을 준비하던 회의 모습을 상상해 보세요. 그때 사람들이 어떤 말을 했을지 말풍선에 써 보세요.

02
국가유산 탐구

풍납토성과 무령왕릉

키워드: 풍납토성, 무령왕릉, 무덤, 백제

▲ 무령왕릉

서울시 송파구 풍납동에 위치한 백제의 토성을 풍납토성이라고 불러요. 현재 북벽과 동벽, 남벽이 남아 있고, 서벽은 대부분 **유실**된 상태예요. 풍납토성은 강남 일대 개발 중에 발견된 유적으로, 초기 백제의 모습을 보여 주는 중요한 국가유산이에요. 국내 최고 수준의 기와 조각과 백제 토기 등이 다량으로 **출토**되었고, 지금도 주요 지역에서는 **발굴** 조사가 계속되고 있어요.

풍납토성의 가장 큰 특징은 성벽을 따라 발견된 대형 주거지예요. 주거 시설과 잘 짜여진 도로망 등을 통해 풍납토성이 매우 체계적으로 건설된 도시였음을 알 수 있어요.

백제의 또 다른 유명한 국가유산은 바로 공주에 있는 무령왕릉이에요. 충청남도 공주 송산리 고분군에 속한 이 무덤은 백제의 무덤 중 유일하게 주인을 알 수 있는 왕릉이에요. 무덤 안에서 발견된 묘지석 덕분에, 주인이 백제 제25대 무령왕임이 밝혀졌어요. 무령왕릉은 신라 무덤과는 달리 벽돌무덤 양식으로, 중국 남조의 무덤 형태와 닮아 있어요. 이는 백제가 외교적으로 뛰어나 여러 나라와 활발히 교류했음을 보여 주는 증거예요. 무령왕릉은 배수로 공사 중 우연히 발견되었는데, 거의 온전한 상태로 보존되어 있어 역사적 가치가 매우 높아요. 무덤 안에서는 금관 장식, 칼, 팔찌 등 4,600여 점에 이르는 유물이 출토되었고, 그중 12종목 17건이 국보로 지정될 만큼 소중한 국가유산이에요.

어휘 쏙쏙

- **유실**: 떠내려가서 없어짐. 또는 그렇게 잃음.
- **출토**: 땅속에 묻혀 있던 물건이 밖으로 나옴. 또는 그것을 파냄.
- **발굴**: 땅속에 파묻혀 있던 역사적 유물 따위를 파냄.

개념 이해

1. 초성을 보고, 빈칸에 알맞은 말을 써 보세요.

ㅍ ㄴ ㅌ ㅅ 과 ㅁ ㄹ ㅇ ㄹ 은

백제의 문화를 보여주는 대표적인 유적이다.

2. 잘 읽고 맞게 설명한 것에는 O, 잘못된 설명에는 X로 선택하세요.

① 풍납토성은 백제의 도시 체계가 잘 정비되었음을 보여 준다. (O, X)

② 무령왕릉은 백제의 사비 시대가 아닌 한성 시대에 만들어졌다. (O, X)

3. 아래 글을 읽고, 밑줄 친 곳에 나의 생각을 짧게 써 보세요.

무령왕릉 발굴 과정은 매우 처참했다. 일본학자들이 주도하던 발굴과 달리 국내 학자들이 발굴에 참여했음에도 불구하고 문제는 매우 심각했다. 도굴이 한 번도 되지 않은 귀중한 왕릉을 발굴하였지만 사진을 찍고 몇 년 동안 걸릴 법한 발굴을 17시간, 즉 하룻밤만에 끝을 맺었다. 발굴이 시작된다는 기사에 각종 신문사들의 기자들과 구경꾼들이 몰렸고, 발굴학자들을 이들을 막아낼 힘이 없었다. 그래서 유물을 쓸어 담았다는 증언이 나올 정도이다.

발굴 현장은 유물 뿐 아니라 현장 사진도 매우 중요한데, 기록을 거의 남기지 못했다는 점이다. 이 현장이 안타까운 이유는

라고 생각한다.

▲무령왕릉 발굴 모습 © 국립국가유산연구원 기록관

생각 톡톡

★ 친구들이 이야기를 나누고 있어요. ( ) 안의 알맞은 것에 ○표 하세요.

백제 문화를 본 적이 있어?

응. 박물관에서 봤어. 금관 장식이
아름다웠어. 건축 기술도 뛰어났대.

그래서 (무령왕릉, 공릉) 같은 멋진 무덤도 생긴 것 같아.
무령왕릉은 중국의 영향을 받은 것 같다는데,
너는 어떻게 생각해?

맞아, 중국 남조의 영향을 받은 게 확실한 것 같아.
백제는 일본(왜)이랑 중국 같은 나라들과도
외교를 잘해서, 문화 교류가 정말 활발했던 것 같아.

논리적 글쓰기

★ 아파트를 짓는 과정에서 문화재가 발견되었어요. 이때 문화재를 발굴하는 게 맞을까요, 아니면 아파트를 짓는 게 맞을까요? 문화재 발굴에 대한 찬성과 반성 중 하나를 선택하고, 나의 생각을 써 보세요.

찬성/반대	이유

쉬어 가기

★ 아래 그림은 백제의 금동 장식품이에요. 예쁘게 색칠해 보세요.

03

타임머신

의자왕이 당나라와 사이가 좋았다면?

키워드: 백제, 의자왕

▲ 유왕산 정상의 정자와 백제유민정한불망비

백제는 고구려를 떠난 온조와 그의 세력이 한강 유역에 자리 잡고, 그곳에 살던 **토착** 세력과 힘을 합해 세운 나라예요. 한강 유역은 넓은 평야가 펼쳐져 농사짓기 좋았고, 황해를 통해 중국의 앞선 문화를 빠르게 받아들일 수 있는 지역이었지요. 이러한 지리적 이점 덕분에 백제는 삼국 가운데 가장 먼저 체계를 갖추고 전성기를 맞이하며 강한 나라로 성장했어요. 그렇게 화려한 문화를 꽃피우던 백제는 의자왕 때 멸망했어요.

백제의 멸망 원인으로 의자왕이 여자와 술에 빠져 나랏일을 소홀히 했기 때문이라는 이야기가 많지요? 하지만 의문이 드는 점이 있어요. 왕의 칭호는 대개 왕이 죽은 뒤 **후대**에서 붙이는 것인데, 의자왕의 칭호는 '의롭고 자애로운 왕'이라는 뜻이거든요. 그렇다면 의자왕은 어떤 왕이었을까요? 『삼국사기』에 따르면 의자왕은 641년에 즉위했고, 효성이 깊고 용감하며 대담한 결단력을 지닌 우수한 통치자로 기록되어 있어요. 실제로 신라를 여러 번 공격해 40여 성을 빼앗을 정도로 전략가로도 평가받지요. 이처럼 의자왕 시대의 백제는 강력하고 부유한 나라였어요.

그렇다면 백제는 왜 멸망했을까요? 당시 의자왕은 당나라와의 외교에서 어려움을 겪고 있었어요. 신라가 당나라와 동맹을 맺으면서 백제는 점점 고립되었지요. 결국 신라와 당나라 연합군이 사비성까지 몰려들자 백제는 결국 멸망하고 말았어요. 백제가 무너지고 의자왕이 당나라로 끌려가는 길에 마지막으로 머문 곳이 유왕산이에요. 이곳에서 의자왕은 백제 유민들과 작별 인사를 나누었고, 많은 백성들이 산으로 올라와 울며 **통곡**했다고 전해져요.

어휘 쑥쑥

- **토착:** 대대로 그 땅에서 살고 있음.
- **후대:** 뒤에 오는 세대나 시대.
- **통곡:** 소리 높여 슬피 우는 것.

개념 이해

1. 초성을 보고, 빈칸에 알맞은 말을 써 보세요.

ㅇ ㅈ ㅇ 은 백제의 마지막 왕이다.

2. 잘 읽고 맞게 설명한 것에는 O, 잘못된 설명에는 X로 선택하세요.

① 백제는 삼국 시대에 가장 먼저 전성기를 맞이했다. (O, X)

② 의자왕 때 백제는 고구려 땅을 빼앗았다. (O, X)

3. 백제가 멸망한 이유는 무엇일까요? 나의 생각을 써 보세요.

생각 톡톡

★ **친구들이 이야기를 나누고 있어요. ( ) 안의 알맞은 것에 ○표 하세요.**

의자왕에 대해 알고 있어?

(백제, 신라)를 망하게 한 왕 아니야?

그렇긴 한데, 즉위 초에는 용감하고 대담해서 여러 차례 전쟁을 승리로 이끌었대. 그런데 당나라와 사이가 좋지 않았대.

맞아 결국 신라와 당나라 연합군에 백제가 멸망했어.

논리적 글쓰기

★ **내가 만약 백제 시대 왕이라면 어떤 일을 했을까요? 나의 생각을 써 보세요.**

내가 만약 백제 시대의 왕이었다면 나는 (   ) 업적을 세울 것이다. 왜냐하면

내가 토론왕

★ 가장 위대한 업적을 이룬 백제 왕은 누구일까요? 다음 글을 읽고, 나의 생각을 써 보세요.

백제에는 여러 왕이 있었는데, 그중에서도 여섯 명의 왕이 중요한 업적을 남겼어요. 성왕은 보다 넓고 개방적인 사비(지금의 부여)로 도읍을 옮겼어요. 이곳은 해상 교통이 편리하고 넓은 평야가 있어 농사짓기에도 좋았어요. 성왕은 왕권을 강화하고 나라의 중흥을 이루기 위해 힘썼어요. 성왕은 사비로 천도하고 불교를 널리 전파했어요. 위덕왕은 성왕의 아들로, 일본과 활발히 교류했어요. 혜왕 기록은 많지 않지만, 왕권을 안정시키고 불교 정책을 이어갔어요. 법왕은 나라의 질서를 세우기 위해 법률 제정에 힘썼어요. 무왕은 미륵사를 세우며 불교 예술의 전성기를 열었어요. 의자왕은 초반에는 나라를 잘 다스렸지만, 결국 신라와 당나라 연합군의 공격으로 백제가 멸망하고 말았어요.

1. 6대 왕의 장점을 써 보세요.

성왕	위덕왕	혜왕

법왕	무왕	의자왕

2. 가장 위대한 업적을 이뤘다고 생각한 왕을 골라 나의 생각을 써 보세요.

여섯 명의 왕 중 가장 위대한 업적을 이룬 왕은 (   )이라고 생각합니다. 왜냐하면

해양 네트워크 국가, 백제

▲ 백제인들이 출항했던 수도 웅진 인근 곰나루

▲ <양직공도> 속 백제 사신의 모습

백제는 동아시아의 바다를 무대로 활발히 교류한 해양 네트워크 국가였어요. 단순히 삼국의 한 축에 머무르지 않고 중국과 일본을 잇는 가교 역할을 하며 국제 문화의 중심지로 발전했지요. 백제의 학자와 장인들은 일본의 아스카 문화 형성에 깊이 관여했어요. 왕인 박사는 논어와 천자문을 전해 일본 학문의 기틀을 세웠고, 아직기는 불교를 전파하여 일본 사상의 발전에 큰 영향을 주었어요. 또 백제의 장인들은 불상 제작, 금속 공예, 토기 기술을 전해 일본 예술의 토대를 마련했어요.

475년 고구려에 한강 유역을 빼앗긴 백제는 한성에서 웅진으로 수도를 옮기고 새로운 바닷길을 개척했어요. 기존의 서해 북부 항로 대신 금강 하구에서 태안반도와 백령도를 거쳐 산둥반도로 향하는 서해 횡단 항로를 이용했지요. 이 항로를 통해 백제는 중국 남조 여러 나라와 교류하며 불교, 도교, 도자기, 기와 등 다양한 문화를 받아들였어요. 호자, 흑유계수호, 청자 육이오는 중국과 교역했다는 것을 알 수 있는 유물이에요. 이렇게 들어온 문화는 백제식으로 발전하여 다시 일본으로 전해졌어요.

▲ 흑유계수호 © 국립공주박물관

백제의 전성기인 무령왕 때에는 중국 양식이 반영된 벽돌무덤인 무령왕릉이 만들어졌어요. 무덤 안에서 남조 연호가 새겨진 지석이 발견되어 당시 교류의 흔적을 보여 줍니다. 또 무왕은 익산 지역에 미륵사지를 세워 불교 문화의 중심지를 만들고, 일본과의 교류를 더욱 넓혀 나갔어요. 이를 통해 백제는 동아시아 문화의 흐름을 이끈 주역이자, 바다를 통한 국제 교류의 중심국으로 자리 잡았어요.

▲ 호자 © 국립공주박물관

▲ 청자 육이호 © 국립공주박물관

★ 백제의 유물 중에는 중국과 활발히 교류한 흔적을 보여 주는 것들이 많아요.

역사적 궁금증 | 백제 궁녀들이 떨어져 죽은 바위, 낙화암

▲ 부여의 낙화암

의자왕은 즉위 초기에는 부지런하고 백성을 아끼는 성군으로 평가받았지만 말기에 귀족들의 반발을 제대로 다스리지 못했어요. 그러다가 660년(의자왕 20년), 신라와 당나라 연합군이 백제의 수도 사비성을 포위하자 의자왕은 태자와 함께 웅진성으로 급히 피했어요. 이때 뒤에서는 칼과 창을 든 적군들이 몰려오고 있었어요. 수많은 궁녀들은 왕을 따라 달아났지만 부소산 아래 낙화암에 이르러 더는 도망칠 수 없었지요.

절벽 아래로 푸른 백마강이 흐르고 있었어요. 이때 궁녀 3천여 명이 스스로 강물에 몸을 던졌어요. 그 모습은 마치 꽃송이가 흩날리는 것과 같았지요. 그래서 이곳을 '꽃다운 궁녀들이 떨어진 바위'라 해서 '낙화암'이라고 부르게 되었다고 해요. 하지만 백제의 멸망은 단순한 비극이 아니라 여러 가지 요인이 겹친 결과였어요. 이때 신라는 당나라와 동맹을 맺고 백제와 고구려를 공격했고, 백제는 고구려와 연합했지만 두 나라 모두 국력이 약했어요. 또 귀족들 간의 갈등으로 왕권이 흔들리며 정치가 불안정해졌지요. 의자왕은 한때 신라의 40여 성을 빼앗을 정도로 강했지만, 점차 정치 기반을 잃고 결국 사비성이 함락되며 역사 속으로 사라지게 되었어요.

역사 상식 | 백제 금동 대향로

▲ 백제 금동 대향로 © 국립부여박물관

백제 금동 대향로(국보 제287호)는 1993년, 부여 능산리 사찰 터에서 주차장 공사를 하던 중 발견되었어요. 높이는 61.8cm, 무게는 약 11.8kg으로, 크기뿐 아니라 예술성과 상징성이 매우 뛰어난 유물이에요.

이 향로는 단순히 향을 피우는 도구가 아니라 백제의 예술과 상상력이 집약된 걸작이에요. 향로 뚜껑 위에는 봉황이 날개를 활짝 펴고 서 있고, 그 아래로 산봉우리와 구름, 신선과 동물들이 정교하게 조각되어 있어요. 마치 신비로운 하늘 세계를 표현한 듯해요. 받침 부분에는 거대한 용이 몸을 감아 향로 전체를 떠받치고 있는데, 그 웅장함이 백제의 위엄을 느끼게 해요.

백제 금동 대향로의 발견은 백제 문화의 찬란함을 다시금 세상에 알린 계기가 되었어요. 무령왕릉 유물에 이어 백제의 예술 수준을 한층 높게 평가받게 되었지요. 지금은 국립부여박물관에 전시되어 있으며, 많은 사람들이 이 향로를 통해 백제 문화의 아름다움과 섬세함을 느끼고 있어요.

계기교육 09

추석의 유래를 알고 있나요?

추석은 음력 8월 15일로, 가배일, 가위, 한가위라고도 불려요. 한 해 농사가 거의 마무리되는 시기라 풍성한 수확에 감사하는 마음을 담아 지내는 큰 명절이지요. 추석에는 송편을 먹는데, 솔잎에 쪄 먹는 풍습이 있어 '송편은 솔내에서 나온다'는 말도 전해져요.

송편과 관련된 흥미로운 전설도 있어요. 신라 시대, 백제와 고구려와의 전쟁이 치열하던 어느 해 추석 전날 밤, 군사들의 진영 위로 큰 달이 떠올랐다고 해요. 그런데 그 달 속에서 한 여인이 나타나 "사흘 안에 적국을 함락하지 못하면 모두 죽음을 면치 못할 것이다"라고 말했지요. 군사들은 온 힘을 다해 싸웠고, 결국 승리를 거두었다고 전해져요. 그 후 사람들은 승리를 기념하며 달 모양의 떡을 만들어 먹기 시작했고, 이것이 송편의 유래라는 이야기가 있어요.

풍년을 기원하고 감사의 마음을 나누는 추석! 올해도 송편을 정성껏 빚어 가족과 함께 맛있게 나누어 먹어 보세요.

함께 읽으면 좋은 책

- **『꼬마 귀신의 제사 보고서』**, 정종영 글, 이준선 그림, 크레용하우스
- **『명절 속에 숨은 우리 과학』**, 오주영 글, 허현경 그림, 시공주니어
- **『분홍 토끼의 추석』**, 김미혜 글, 박재철 그림, 비룡소
- **『솔이의 추석 이야기』**, 이억배 글 · 그림, 길벗어린이
- **『얼쑤 우리 명절, 별별 세계 명절』**, 차태란 글, 홍수진 그림, 사계절

10월

근대 ②

한글을 지킨 사람들

10월은 높고 푸른 하늘처럼 마음이 한층 깊어지는 달이에요. 특히 10월에는 우리 문자의 소중함을 기념하는 한글날이 있어요. 한글날은 세종 대왕이 훈민정음을 반포한 날로, 백성이 쉽고 바르게 글을 익혀 자신의 생각을 자유롭게 표현할 수 있도록 만든 뜻을 되새기는 날이지요. 사실 글을 깨우치기 어려웠던 옛날에는 누구나 읽고 쓰며 세상과 소통하고 싶어 했어요. 세종 대왕 역시 이런 백성들의 마음을 헤아려 한글을 만들었어요. 그렇다면 한글은 어떻게 만들어졌는지 지금부터 알아볼까요?

01

사건 탐구

조선어 학회

키워드: 한글, 일제 강점기, 말모이, 조선어 학회, 큰사전

▲ 조선어 학회 회원들 기념사진 © 독립기념관

일제 강점기에 일본은 우리말을 점진적으로 사용하지 못하게 했어요. 조선어 말살 정책이 펼쳐지자 학교에서 우리말 수업을 없앴어요. 심지어 공공장소나 가정에서도 우리말 사용을 억압했어요.

이때 조선어 학회라는 단체가 우리말을 지키기 위해 모였어요. 이들은 우리말을 연구하고, 사전을 만들기 시작했어요. 1931년에는 우리말 소리를 정리한 최초의 사전 **원고**인 『말모이』를 완성했고, 이어서 『조선말 큰사전』 **편찬** 작업으로 이어졌어요. 그러나 1942년 10월, 여학생들이 우리말로 대화하는 것을 **트집 잡아** 조선어 학회 회원들이 체포되는 사건이 일어났어요. 일본은 조선어 학회가 독립운동을 했다고 몰아가며 혹독하게 고문했고, 사전 만드는 일은 잠시 멈출 수밖에 없었어요.

다행히 1945년 해방 후, 우리말 사전 만들기 사업이 다시 시작되었어요. 1929년에 시작한 사전 편찬은 1957년에 이르러, 6권의 『큰사전』으로 완성되었어요. 이후 조선어 학회는 이름을 한글학회로 바꾸고, 맞춤법과 띄어쓰기 규칙을 정리하는 일을 계속했어요.

1946년에는 한글날이 공휴일로 정해졌어요. 하지만 1990년에는 공휴일이 아닌 기념일로 바뀌었어요. 이후 2006년 국경일로 승격되었다가, 2013년에 다시 공휴일로 정해졌어요. 2000년대에 들어서는 디지털 사전, 온라인 한글 교육 자료, 어린이용 한글 교재 등이 만들어졌어요. 또 2008년부터는 한글 입력 방식을 더 편리하게 바꾸어, 모바일 앱으로도 쉽게 사전을 사용할 수 있게 되었어요. 이처럼 수많은 사람들의 노력이 있었기에 한글은 지금까지 우리 곁에서 살아 숨 쉬고 있어요.

어휘 쏙쏙

- **원고**: 인쇄하거나 발표하기 위하여 쓴 글이나 그림.
- **편찬**: 여러 가지 자료를 모아 체계적으로 정리하여 책을 만듦.
- **트집 잡다**: 조그만 흠집을 들추어내거나 없는 흠집을 만드는 것.

개념 이해

1. 초성을 보고, 빈칸에 알맞은 말을 써 보세요.

일제 강점기에 우리말을 지키고 연구하기 위해

ㅈ ㅅ ㅇ ㅎ ㅎ 라는 단체가 만들어졌다.

2. 관련 있는 것끼리 선으로 이어 보세요.

① 큰사전 •	• Ⓐ 디지털 사전과 어린이용 한글 교재 개발
② 말모이 •	• Ⓑ 우리말 소리를 정리한 최초의 사전 원고
③ 한글학회 •	• ③ 1957년에 6권으로 완성된 우리말 사전

3. 말모이는 '말을 모은다'는 뜻으로, 일제 강점기에 사라져 가는 우리말을 지키기 위해 만든 사전이에요. 지키고 싶은 우리 말과 그 의미를 적어 나만의 '말모이' 사전을 만들어 보세요.

예

우리말	의미
도담도담	어린아이가 별 탈 없이 잘 자라는 모양

우리말	의미

생각 톡톡

★ **친구들이 이야기를 나누고 있어요. ( ) 안의 알맞은 것에 ○표 하세요.**

일제 시대에 죽음을 무릅쓰고 굳이 (국어사전, 영어사전)을 만든 이유가 무엇일까?

우리말을 지키는 일은 곧 민족을 지키는 일이기 때문이야. 말과 글을 잃으면, 우리 민족의 정신과 문화도 함께 사라지고 말겠지.

아! 그래서 일본이 우리말뿐만 아니라 이름과 성을 바꾸는 (창씨개명, 별명)을 강요했구나!

맞아. 사전 만들기는 총 대신 연필을 들고 우리 민족 정신을 지킨 문화적 독립운동이야.

심화 탐구

★ **영화 <말모이>에 대한 글이에요. 밑줄 친 등장인물 중 한 사람을 골라, 1940년대 조선 시대의 상황과 우리말을 지키기 위한 과정을 상상하여 글을 써 보세요.**

1940년 경성, 까막눈에 전과자인 김판수는 아들의 학비를 마련하기 위해 가방을 훔치려다 조선어 학회 대표 류정환과 얽히고, 우리말 사전 편찬에 힘쓴다. 서로 다른 삶을 살아온 두 사람은 일본의 탄압 속에서도 우리말을 지키기 위해 노력한다.

논리적 글쓰기

★ '말과 글을 지키는 것은 나라를 지키는 것과 같다'는 말에 대해 여러분의 생각은 어떤가요? 찬성과 반대 중 하나를 선택하고, 그렇게 생각한 이유를 써 보세요.

찬성/반대	이유

쉬어 가기

★ <보기>와 같이 앞의 낱말로 끝말잇기를 해 보세요.

보기 한글 → 글자 → 자전거 → 거인 → 인사 → 사진

1 말모이 → [　　] → [　　] → [　　]

2 편찬 → [　　] → [　　] → [　　]

02

국가유산 탐구

훈민정음 해례본

키워드: 훈민정음, 국보, 간송미술관

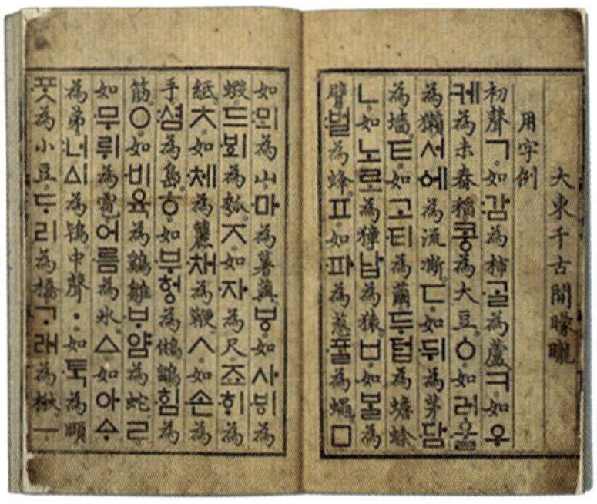

▲ 『훈민정음』 해례본

『**훈민정음**』 해례본은 1446년 조선 시대에 만들어진 책으로, 현재 간송 미술관에 보관되어 있어요. 우리나라 국보 제70호이자 세계적으로도 인정받은 유네스코 세계 기록 유산이에요. 훈민정음은 세종 대왕이 **창제**한 한글의 옛 이름이고, 해례본은 해설서를 뜻해요. '해'는 풀이, '례'는 예시를 뜻하므로, 훈민정음 해례본은 훈민정음을 쉽게 이해할 수 있도록 풀어서 설명한 책이에요.

『훈민정음』 해례본은 크게 세 부분으로 이루어져 있어요. 첫 번째는 세종대왕이 직접 쓴 **서문**으로, 한글을 만든 이유가 적혀 있어요. 두 번째는 해례 부분으로, 한글이 어떤 원리로 만들어졌는지 자세히 설명하고 있어요. 세 번째는 학자 정인지가 쓴 **후서**예요. 여기에는 세종 대왕의 훌륭한 뜻을 칭송하며, 이 책을 만드는 데 함께한 학자들의 이름이 적혀 있어요.

특히 서문에는 백성을 아끼고 사랑하는 세종 대왕의 깊은 마음이 잘 드러나 있어요. '나라의 말이 중국 글자와 달라 백성들이 쉽게 소리를 적지 못하였다'라는 내용에서도 알 수 있듯이, 세종 대왕은 백성들이 어려운 한자 대신 자신들의 소리를 담을 수 있는 새로운 글자를 통해 누구나 쉽게 글을 읽고 쓸 수 있가를 바랐어요.

『훈민정음』 해례본이 발견되기 전까지는 훈민정음이 다른 글자를 흉내 냈다는 등 여러 억측과 비난이 많았어요. 하지만 1940년 경북 안동에서 『훈민정음』 해례본이 발견되면서, 훈민정음이 언제 만들어졌는지와 어떤 원리로 창제되었는지를 정확히 알 수 있게 되었어요.

어휘 쏙쏙

- **훈민정음**: 백성을 가르치는 바른 소리라는 뜻으로, 1443년에 세종 대왕이 창제한 우리나라 글자를 이르는 말.
- **창제**: 전에 없던 것을 처음으로 만들거나 제정함.
- **서문**: 책이나 논문 따위의 첫머리에 내용이나 목적 따위를 간략하게 적은 글.
- **후서**: 책의 본문 뒤에 적는 서문.

개념 이해

1. 초성을 보고, 빈칸에 알맞은 말을 써 보세요.

훈민정음 ㅎ ㄹ ㅂ 은

사람들이 훈민정음을 쉽게 이해할 수 있도록 풀어서 설명한 책이다.

2. 잘 읽고 맞게 설명한 것에는 O, 잘못된 설명에는 X로 선택하세요.

① 훈민정음 해례본은 현재 국립중앙박물관에 보관되어 있다. (O, X)

② 훈민정음 서문에는 백성을 아끼는 세종대왕의 마음이 잘 드러나 있다. (O, X)

3. 훈민정음 서문의 원문을 소리 내어 읽고, 새롭게 알게 된 점이나 느낀 점을 써 보세요.

세종 어제 훈민정음 서문 원문

나랏말싸미 듕귁에 달아 문자와로 서르 사맛디
아니할쎄
이런 전차로 어린 백성이 니르고저 홀배이셔도
마참내 제 뜨들 시러 펴디 몯할 노미 하니라
내 이랄 윙하야 어엿비 너겨 새로 스물여듧 짜랄
맹가노니
사람마다 해여 수비 니겨 날로 쑤메 뼌한킈 하고
져 할 따라미니라

현대 표준어 풀이

우리나라 말이 중국과 달라 한자와는 서로 말이
통하지 아니하여서
이런 까닭으로 어리석은 백성이 말하고자 할 것
이 있어도
마침내 제 뜻을 펴지 못하는 사람이 많다.
내가 이것을 가엾게 여겨 새로 스물여덟 글자를
만드니
모든 사람들로 하여금 쉽게 익혀서 날마다 쓰는
데 편하게 하고자 할 따름이니라.

생각 톡톡

★ 세종 대왕과 신하가 이야기를 나누고 있어요. ( ) 안의 알맞은 것에 ○표 하세요.

전하, 지금 고유 문자를 만들면 중국이 우리를 오랑캐로 여길까 두렵사옵니다. 갑자기 법도에 없는 새 글자를 시행하시면 학문 또한 혼란스러워질 것입니다.

(한글, 신조어) 창제는 억울함을 말하지 못하는 백성들의 현실을 그냥 두고 볼 수 없었기 때문이오. 새 글자를 만들어 백성들의 삶을 돕고자 함이오.

그렇다면 더욱 아니 되옵니다. 쉬운 글자가 생기면 신분의 구별이 사라져, 나라의 법과 질서가 흔들릴 수 있습니다.

(영어, 한자)를 버리고 한글만 쓰자는 것이 아니오. 또한 쉬운 글로 『삼강행실』을 번역한다면 백성들이 쉽게 깨달아 충신, 효자, 열녀가 반드시 나올 것이오.

논리적 글쓰기

★ 조선 시대에 한글 창제 찬반 토론에 참여한다면, 여러분의 의견은 어떤가요? 찬성과 반대 중 하나를 선택하고, 그렇게 생각한 이유를 써 보세요.

찬성/반대	이유

쉬어 가기

★ <보기>처럼 한글로 그림을 그려 보세요.

보기

03

타임머신

만약 한글이 없었다면?

키워드: 훈민정음, 세종 대왕

유네스코는 매년 세종대왕 **문해**상(King Sejong Literacy Prize)을 수여해요. 이 상은 세계 **문맹** 퇴치에 크게 기여한 개인이나 단체에게 주어지는 상이에요. 세종 대왕의 이름을 붙인 이유는 한글이 인류의 문해 역사에 큰 공헌을 한 문자이기 때문이에요.

우리나라의 문맹률이 세계에서 가장 낮은 이유도 한글 덕분이에요. 한글은 세계에서 가장 과학적이고 배우기 쉬운 문자로 꼽혀요. 알파벳은 소리를 나타내지만 **조합** 규칙이 복잡하고, 한자는 뜻을 나타내지만 수천 개의 글자를 외워야 해요. 그러나 한글은 기본 원리만 익히면 바로 소리를 낼 수 있어, 외국인도 몇 시간만 공부하면 읽고 쓸 수 있을 정도예요.

인도네시아 소수 민족인 찌아찌아족은 고유 언어를 보존하기 위해 한글을 적극적으로 사용하고 있어요. 그들에게는 고유한 언어는 있었지만 문자가 없었기 때문에, 한글을 도입해 언어를 기록하는 수단으로 활용하게 된 것이지요.

만약 세종 대왕이 한글을 창제하지 않았다면 어땠을까요? 우리는 여전히 어려운 한자를 써야 했을 거예요. 어쩌면 글을 읽고 쓰기 어려워 세계에서 문맹률이 가장 높은 나라가 되었을지도 몰라요. 자기 생각을 글로 표현하지 못해 문화와 경제 발전이 더뎌졌을 가능성도 있어요. 오늘날의 K-팝, K-드라마, 웹툰 같은 **한류** 문화 역시 세계로 퍼지기 어려웠을 거예요.

어휘 쏙쏙

- **문해**: 글을 읽고 이해함.
- **문맹**: 배우지 못하여 글을 읽거나 쓸 줄을 모름. 또는 그런 사람.
- **조합**: 여럿을 한데 모아 한 덩어리로 짬.
- **한류**: 우리나라의 대중문화 요소가 외국에서 유행하는 현상.

개념 이해

1. 초성을 보고, 빈칸에 알맞은 말을 써 보세요.

우리나라의 문맹률이 세계에서 가장 낮은 이유는 [ㅎ] [ㄱ] 덕분이다.

2. 잘 읽고 맞게 설명한 것에는 O, 잘못된 설명에는 X로 선택하세요.

① 한글은 외국인이 쉽게 따라 읽고 쓸 수 없다. (O, X)

② 찌아찌아족은 자기 민족의 언어를 보존하기 위해 한글을 사용하고 있다. (O, X)

3. 한글에 대해 잘못 말한 두 친구를 골라 O표 하세요.

한글은 세종 대왕이 집현전 학자들과 함께 만들었어.	한글은 한자보다 우수한 글자야.	우리나라는 문맹률이 높아.	일본은 우리나라 글자를 부러워했어.

아현	재민	민호	시은

생각 톡톡

★ **친구들이 이야기를 나누고 있어요. (   ) 안의 알맞은 것에 ○표 하세요.**

한글을 (찌아찌아족, 빠빠야족) 처럼 다른 나라 언어에 쓰면, 문자가 없던 민족에게 도움을 줄 수 있어!

하지만 그러면 그 나라 사람들이 스스로 문자를 만들 기회를 빼앗는 건 아닐까?

그들이 스스로 선택하는 거라면 문제없다고 생각해. 한글을 인류에 나누는 건 '문화 기여'이기도 하고.

나는 신중하게 접근할 일이라고 봐. 각 나라의 (문화, 언어) 주권도 존중해야지.

논리적 글쓰기

★ **한글을 다른 나라 언어에 도입하는 것은 바람직한가요? 찬성과 반대 중 하나를 선택하고, 그렇게 생각한 이유를 함께 써 보세요.**

찬성/반대	이유

내가 토론왕

★ '만약 한글이 없었다면 어땠을까요?'를 주제로 스캠퍼 토론 방법에 따라 자신의 의견을 써 보세요.

스캠퍼 토론

아이디어 발상 기법 중 하나로, 기존의 생각이나 사물을 변형 · 응용해서 새로운 아이디어를 만들어내는 방식이에요. 원래는 브레인스토밍 도구로 많이 쓰였지만, 교육 현장에서는 창의적 사고를 길러주는 토론 방법으로도 활용돼요.

약어	사고 유형	질문 내용	한글의 예
S	대치하기 (Substitute)	무엇으로 대신 사용할 수 있을까?	한글 대신 어떤 것으로 사용할 수 있을까?
C	결합하기 (Combine)	다르거나 비슷한 것을 결합할 수 있을까?	한글을 알파벳과 결합하여 새로운 문자가 나올 수 있을까?
A	적용하기 (Adapt)	조건이나 목적에 알맞게 적용할 수 있을까?	시각 장애인이 읽을 수 있게 손끝을 대면 소리가 나거나 돌기가 생기면 어떨까?
M	수정하기 (Modify)	모양, 형태, 색 등을 어떻게 바꿀 수 있을까?	한글을 그림 문자로 하면 어떨까?
	확대하기 (Magnify)	크게 바꿀 수는 없을까?	한글 자모를 더 크게 늘려서, 모든 소리를 더 세밀하게 표현한다면 어떨까?
	축소하기 (Minify)	작게 바꿀 수는 없을까?	한글 자모 수를 조금 줄여서, 비슷한 소리를 같은 글자로 묶어 쓰면 어떨까? 글자 획을 조금 줄여서, 쓰기 더 편한 간단한 글씨체로 바꾸면 어떨까?
P	용도 변경하기 (Eliminate)	다른 용도로 사용할 수는 없을까?	한글을 글자가 아닌 비밀 기호나 암호로 사용하면 어떨까?
E	제거하기 (Reverse)	기능이나 일부분을 뺄 수는 없을까?	한글 받침을 모두 없애면 어떨까? 글자 획을 더 줄이고 기본 형태만 남기면 어떨까?
R	재정리하기 (Rearrange)	순서나 형식을 반대로 하거나 역으로 생각해 볼 수는 없을까?	모음부터 먼저 쓰면 어떨까? 알파벳처럼 나열식으로 쓰면 어떨까?

내가 고른 스캠퍼 질문	질문에 대한 생각과 이유

한글날의 탄생

한글은 세종 대왕이 만든 우리나라 글자예요. 세종 대왕은 백성들이 어려운 한자를 몰라 뜻을 제대로 전하지 못하는 모습을 안타깝게 여겼어요. 그래서 누구나 쉽게 읽고 쓸 수 있는 글자를 만들기로 결심했고, 그렇게 탄생한 글자가 바로 한글이에요. 세종 대왕과 집현전 학자들은 오랜 연구 끝에 1443년에 훈민정음을 만들고, 1446년에 반포했어요.

한글날은 세종 대왕이 만든 훈민정음을 세상에 반포한 것을 기념하는 날이에요. 처음 제정된 1926년에는 '가갸날'이라 불렸는데, 이는 한글의 첫 글자인 '가, 갸'에서 이름을 따온 거예요. 이후 1928년에 이름이 '한글날'로 바뀌면서 전국적으로 기념되기 시작했어요. 일제 강점기에는 한글을 사용하는 것이 금지되었지만, 한글날만큼은 우리 민족의 얼과 정신을 지키는 뜻깊은 날로 여겨졌어요.

해방 이후에도 한글날은 계속 이어졌어요. 한글날에는 세종대왕 동상 앞에서 기념식이 열리고, 학교에서도 한글의 우수성과 아름다움을 배우며 다양한 행사를 해요. 또한 유네스코에서는 문해력 향상에 공헌한 사람이나 단체에게 '세종 대왕 문해상'을 수여하고 있어요. 이는 한글의 창제 정신과 가치를 전 세계에 알리는 계기가 되고 있어요.

역사적 궁금증 | '훈민정음'은 어떻게 '한글'이 되었을까?

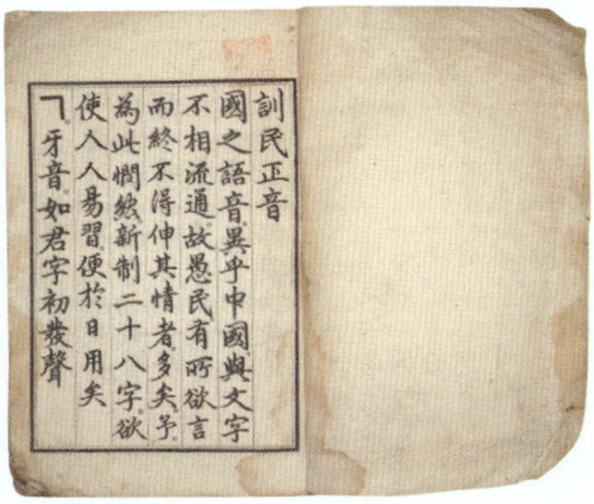
訓民正音
國之語音異乎中國與文字
不相流通故愚民有所欲言
而終不得伸其情者多矣予
為此憫然新制二十八字欲
使人人易習便於日用矣
ㄱ牙音如君字初發聲

▲ 『훈민정음 해례본』

옛날 세종 대왕이 만든 글자의 이름은 훈민정음이었어요. '백성을 가르치는 바른 소리'라는 뜻이지요. 하지만 조선 시대 양반들은 어려운 한자를 주로 쓰고, 훈민정음을 쓰던 백성을 낮게 보았기 때문에 언문, 가갸글 같은 이름으로 부르며 글자를 가볍게 여겼어요. 그러다가 1900년대에 국어학자 주시경 선생이 지금 쓰는 이름인 한글을 지어 주었어요. '한'은 크고 으뜸, '글'은 문자라는 뜻이에요. 그래서 한글은 '가장 훌륭한 글자'라는 자랑스러운 이름을 가지게 되었어요.

인물 탐구 | 한글의 대중화에 앞장선 국어학자, 주시경

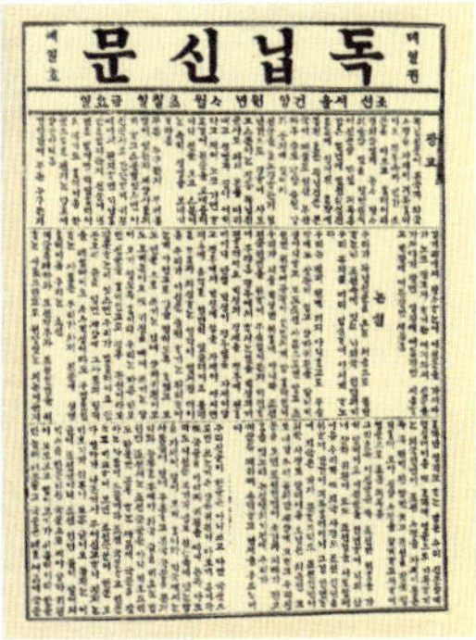
독닙신문

▲ 독립신문 초판(1896년)

주시경은 1876년 황해도 봉산에서 태어났어요. 서당 훈장의 아들로 자라 어려서부터 한문 공부에 열심이었지요. 열다섯 살에 훈민정음을 배우면서 우리말을 소리 나는 대로 쓸 수 있는 한글의 명쾌함에 깊이 빠졌어요. 그때부터 우리글 연구를 시작한 그는 배재 학당에 들어가 신학문을 배우며 폭넓은 지식을 쌓았어요. 동시에 우리말 문법을 연구해 책으로 펴내며, 세종 대왕 이후 돌보지 못한 한글을 우리말에 맞게 다듬는 일에 힘썼어요.

1896년에는 서재필의 요청으로 우리나라 최초의 한글 신문 《독립신문》을 펴내는 일에도 참여했어요. 이후 서울의 여러 학교에서 국어 강습을 하며 한글을 가르쳤고, 정부가 세운 국문 연구소에서 맞춤법과 문법을 연구했어요. 하지만 1910년 일본이 우리나라의 주권을 빼앗자 그는 더욱 굳은 마음으로 우리말과 글을 지키려 애썼어요.

주시경은 최초의 국어사전인 '말모이'를 만들기 시작하며 우리말을 정리하고 보존하려고 노력했어요. 1914년 병으로 세상을 떠났지만, 그의 뜻은 제자들을 통해 이어졌어요. 제자들은 조선어 학회를 세워 사전 편찬과 한글 보급 운동을 이어 갔어요. 또한 우리말 사전을 만들어 민족의 정신을 지키고자 했어요. 주시경은 근대 한글학의 기초를 세운 인물로 '한글 연구의 아버지'라 불려요.

▲ 종로구 내수동의 주시경 마당 © 서울시

계기교육 10

한눈에 보는 『훈민정음』의 역사

1443년
세종 대왕, '훈민정음' 창제

1446년
세종 대왕 외 8인, 『훈민정음』 해례본 간행

1940년
이용준, 『훈민정음』 해례본 발견
간송 전형필, 『훈민정음』 소장

1962년
대한민국, 국보 제70호 지정

1997년
유네스코, 세계 기록 유산 지정

2002년
문화관광부, '100대 한글문화유산' 1호 지정

2015년
간송미술문화재단, 『훈민정음』 해례본 최초 복간

2024년
대구 간송미술관 개관, 『훈민정음』 해례본 전시

함께 읽으면 좋은 책

- **『까칠한 알바생과 세종 대왕을 도와라!』**, 차유진 글, 김잔디 그림, 미래엔아이세움
- **『다 알지만 잘 모르는 11가지 한글 이야기』**, 배유안 글, 정우열 그림, 책과함께어린이
- **『세계를 담은 한글』**, 이현정 글, 임성훈 그림, 뭉치
- **『찌아찌아족 나루이의 신기한 한글 여행』**, 장경선 글, 윤종태 그림, 리틀씨앤톡
- **『하마터면 한글이 없어질 뻔했어!』**, 김슬옹 글, 이형진 그림, 한울림어린이

11월

발해

고구려를 잇는 해동성국

중국은 2007년 동북공정이라는 연구 사업을 통해 고구려와 발해를 중국 역사로 편입하려는 주장을 펼쳤어요. 그러나 발해는 고구려를 계승해 세워진 우리 민족의 역사이며, 영토가 오늘날 중국, 러시아, 한국 북부에 걸쳐 있어 연구가 쉽지 않았을 뿐이에요. 일제 강점기에는 일본이 우리 역사를 왜곡해 발해에 대한 기록이 더욱 사라졌지요. 계기교육을 통해 발해의 정체성과 역사를 자세히 알아볼까요?

01
사건 탐구

고구려 정신을 계승한 나라, 발해

키워드: 발해, 대조영, 고구려 계승

▲ 대조영 ⓒ 전통문화포털

고구려가 멸망한 뒤, 대조영은 고구려 **유민**들과 말갈족을 이끌고 새로운 나라를 세웠어요. 대조영은 스스로를 주몽의 후예이자 고구려 출신으로 여기며, 고구려의 정신과 문화를 잇겠다는 꿈을 품고 있었지요. 668년, 신라와 당나라에 의해 고구려가 무너진 후에도 대조영은 고구려의 유산을 되살리고자 하는 강한 의지를 놓지 않았어요.

698년, 대조영은 남은 고구려의 백성과 말갈족을 모아 동모산 일대에 나라를 세웠어요. 처음에는 '진국'이라 불렀지만, 나중에는 발해라는 이름으로 역사에 등장하게 되었지요. 발해의 문왕은 외국에 보내는 문서에 스스로를 고려 왕이라고 칭했어요. 여기서 고려는 곧 고구려를 의미해요. 즉 발해는 단순히 새 나라가 아니라 고구려를 **계승**한 나라, 다시 말해 정신적 후계국으로 여겼음을 알 수 있지요. 실제로 일본의 역사서인 『속일본기』에도 발해 사신을 고려 사신이라고 기록했어요. 이는 외국에서도 발해를 고구려의 계승자로 인정했음을 보여 주는 기록이에요.

▲ 동모산

발해는 국가 체제, 문화, 외교 방식에서 고구려의 전통을 이어받으면서도, 말갈과 당나라의 문화를 융합하여 독창적인 문화를 발전시켰어요. 또한 고구려 시기와 마찬가지로 일본, 당나라 등 여러 나라와 활발한 **외교**를 펼쳤지요. 그 결과 발해는 '해동성국', 즉 '바다 동쪽에 있는 문화가 발달한 나라'라 불리며 동북아시아에서 중요한 위치를 차지하게 되었어요.

어휘 쏙쏙

- **유민**: 망하여 없어진 나라의 백성.
- **계승**: 조상의 전통이나 국가유산, 업적 등을 물려받아 이어 나감.
- **외교**: 다른 나라와 정치적, 경제적, 문화적 관계를 맺는 일.

개념 이해

1. 초성을 보고, 빈칸에 알맞은 말을 써 보세요.

ㅂ ㅎ 는 ㄱ ㄱ ㄹ 를 계승한 나라이다.

2. 고구려를 계승한 발해처럼, 기존에 있었던 나라의 전통과 문화를 이어받아 새로운 나라를 세운다면 어떤 장점과 단점이 있을까요? 여러분이 생각하는 장점 혹은 단점을 써 보세요.

	장점	단점
보기	• 이미 익숙한 문화와 예절 등이 그래도 사용되기 때문에 안정감이 있다. • 백성의 마음을 하나로 모으기 쉽다. • 발해처럼 "우리는 고구려 사람이다!"라고 강조하면 한마음으로 단결할 수 있다. • 과거의 명성을 이용해 다른 나라에 정체성을 알릴 수 있다. 특히 고구려의 강한 이미지를 내세우면 주변국이 쉽게 공격하지 못한다. • 외교를 할 때 처음부터 새로 시작하는 것이 아니라서 여러모로 유리할 수 있다.	• 새로운 변화가 일어나기 어렵다. • 예전의 문화를 그대로 사용하기 때문에 발전에 방해가 될 수 있다. • 옛 적대국과의 갈등이 이어져 전쟁의 위험이 있다. 특히 고구려의 후계국이라고 주장하면 당나라나 신라가 더 경계할 수 있다. • 다양한 문화를 만들기 어려울 수 있다. • 발해처럼 말갈족이 많을 경우, 고구려만 지나치게 강조하면 다른 민족을 차별하거나 내부 갈등이 생겨 나라 안이 불안해질 수 있다.
나의 생각		

생각 톡톡

★ **친구들이 고구려 계승에 대해 이야기하고 있어요. (   ) 안의 알맞은 것에 ○표 하세요.**

(고구려, 신라)는 위대한 나라이기 때문에, 고구려의 문화가 사라지면 안 된다고 생각해.

맞아. 고구려 정신도 이어 가야 한다고 생각해.

나라의 대부분은 말갈족이었어. 그렇기 때문에 말갈족을 위한 나라가 세워져야 하지 않을까?

기존의 좋은 문화나 정신을 이어가는 게 혼란을 줄일 수 있어.

심화 탐구

★ **다음 힌트를 보고, 어떤 인물인지 맞혀 보세요.**

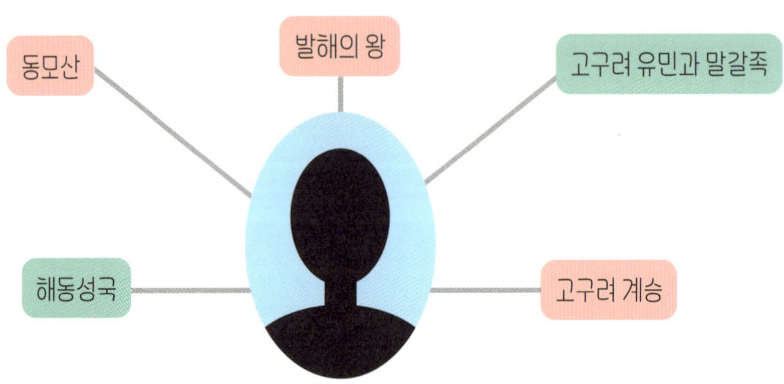

논리적 글쓰기

★ 고구려 백성이나 말갈족의 입장 중 하나를 골라 ○표를 하고, 고구려 계승에 대한 나의 생각을 써 보세요.

토론자	주장과 이유
(고구려 백성, 말갈족)의 입장에서	

쉬어 가기

★ 다음 빈칸에 들어갈 알맞은 말을 써 보고, 글자판에서 찾아 ⬭로 묶어 주세요.

발	해	동	기	금	목
토	동	마	모	동	말
용	성	마	령	산	갈
사	국	천	종	술	족
대	치	갈	대	조	영
암	가	고	구	려	포
염	소	산	영	동	산

① ○○○○은 바다 동쪽에 있는 문화가 발달한 나라를 뜻한다.

② 발해를 건국한 왕은 ○○○이다.

③ 발해의 초기 도읍지는 ○○○이다.

④ 발해는 ○○○를 계승한 나라이다.

⑤ 발해는 ○○○ 유민과 한반도 북부에 거주한 ○○○과 함께 세운 나라이다.

02

국가유산 탐구

발해의 비밀을 밝힌 두 공주의 무덤

키워드: 정혜 공주, 정효 공주, 무덤

▲ 정효 공주 무덤의 벽화

발해는 북쪽으로 흑룡강, 동쪽으로 바다, 서쪽으로 거란, 남쪽으로는 신라와 **국경**을 맞대고 있었어요. 지금의 북한 대부분의 지역과 만주, 러시아 연해주까지 아우르는 넓은 영토를 가진 대제국이었지요. 이렇게 동북아시아를 **호령**했던 나라였지만, 발해에 관한 기록은 많지 않아 오랫동안 그 실체가 베일에 가려 있었어요.

그러나 20세기 들어 발해의 3대 왕이었던 문왕의 딸인 정혜 공주와 정효 공주의 무덤이 발굴되면서, 발해를 둘러싼 여러 궁금증이 하나둘 풀리기 시작했어요. 이 무덤들은 발해가 어떤 나라였는지를 알려 주는 매우 소중한 국가유산이에요.

두 공주 모두 젊은 나이에 남편과 자녀를 잃고, 본인들마저 일찍 세상을 떠났다고 해요. 그 때문에 문왕이 크게 슬퍼했다는 기록도 남아 있지요. 무덤 속에는 공주의 생애와 가족사, 당시 발해의 정치적 · 사회적 상황, 불교와 유교의 **융합**, 발해 왕실의 칭호, 장례 문화, 고구려 계승 의식까지 다양한 정보가 담겨 있어요.

특히 정효 공주 무덤의 벽화에서는 당시 사람들의 옷차림과 생활 모습을 엿볼 수 있어요. 벽화에는 문을 지키는 무사, 음악을 연주하는 악사, 시중을 드는 시종 등이 그려져 있는데, 흥미롭게도 모두 남자의 옷차림을 하고 있었어요. 이 때문에 당시 발해 여자들 사이에 **남장**이 유행했을 가능성이 있다는 연구 결과도 나왔어요.

어휘 쏙쏙

- **국경**: 나라와 나라의 영역을 가르는 경계.
- **호령**: 부하나 동물 따위를 지휘하여 명령함. 또는 그 명령.
- **융합**: 다른 종류의 것이 녹아서 서로 구별이 없게 하나로 합하여지거나 그렇게 만듦. 또는 그런 일.
- **남장**: 여자가 남자처럼 차림. 또는 그런 차림새.

개념 이해

1. 초성을 보고, 빈칸에 알맞은 말을 써 보세요.

발해의 궁금증을 밝힌 [ㅈ][ㅎ] [ㄱ][ㅈ] 와

[ㅈ][ㅎ] [ㄱ][ㅈ] 의 무덤이 발견되었다.

2. 잘 읽고 맞게 설명한 것에는 ○, 잘못된 설명에는 X로 선택하세요.

① 정혜 공주 무덤은 벽돌을 차곡차곡 쌓은 당나라식 무덤이다. (○, X)

② 발해의 수도 상경성은 당나라의 수도 장안성을 본떠 건설했다. (○, X)

3. 두 공주의 무덤 이야기 중에서 가장 인상 깊은 내용 한 가지를 쓰고, 그렇게 생각한 이유도 써 보세요.

생각 톡톡

★ 현대의 어린이와 발해의 어린이가 고구려 문화에 대해 이야기하고 있어요. ( ) 안의 알맞은 것에 ○표 하세요.

(발해, 신라)는 고구려 문화를 계승하면서도 당나라 문화를 함께 섞어 사용했잖아. 그 이유가 뭐라고 생각해?

서로 다른 나라의 (요리, 문화)를 섞어 새롭게 만드는 것을 융합이라고 해. 발해는 전통을 지키면서도 선진 문물을 받아들인 거지.

아! 얼마 전에 한국 음식과 외국 음식을 섞은 걸 봤어. 한국 김치와 이탈리아 파스타를 섞은 김치 스파게티!

오! 어떤 맛인지 궁금하다. 발해 사람들은 주로 육류와 잡곡을 먹었지.

논리적 글쓰기

★ 발해는 고구려 전통과 당나라 문화를 섞어서 사용했어요. 우리 주변에서 서로 다른 문화를 융합한 사례를 찾아 써 보세요.

보기 **생활 한복** 전통적인 한복을 현대에 맞게 새롭게 만들어, 일상생활에서도 불편함 없이 입을 수 있게 되었어요.

쉬어 가기

★ 정효 공주 무덤의 벽화에 있는 사람들 중 한 명을 상상해서 그려 보세요.

예 악사

03

타임머신

발해의 부활을 꿈꿔요!

키워드: 발해 부흥 운동, 후발해, 정안국, 저항

발해는 약 230년 동안 이어졌어요. 남쪽의 신라가 후삼국으로 나뉘어 궁예, 왕건, 견훤이 치열하게 싸우는 동안에도 북쪽의 발해는 굳건히 자리를 지키고 있었지요. 그러나 926년, 마침내 발해의 수도를 포위한 나라가 나타났어요. 바로 거란이었어요. 발해의 마지막 왕인 대인선은 불과 며칠 만에 거란의 **침입**에 항복하고 말았어요.

거란이 남긴 역사 기록에는 발해인들이 서로 뜻을 모으지 못해 싸움 한 번 하지 않고도 승리할 수 있었다고 적혀 있어요. 그렇게 발해는 역사 속의 무대에서 사라지고 말았지요. 이후 거란은 발해의 옛 땅에 '동란국'이라는 나라를 세웠고, 많은 발해 백성들은 삶의 터전을 잃고 사방으로 흩어져야 했지요.

하지만 발해 유민들은 쉽게 포기하지 않았어요. 옛 발해 영토 곳곳에서는 나라를 되살리려는 발해 **부흥** 운동이 이어졌어요. 기록에 따르면 후발해, 정안국, 홍요국, 대발해국 등 여러 부흥 국가가 세워졌다고 해요. 특히 후발해와 정안국은 수십 년 동안 나라를 유지하며 거란에 맞서 끈질기게 저항했어요.

어휘 쏙쏙

- **침입**: 침범하여 들어가거나 들어옴.
- **부흥**: 쇠퇴하였던 것이 다시 일어남. 또는 그렇게 되게 함.

개념 이해

1. 926년, 발해를 포위한 나라가 있었는데, 그 나라의 이름은 무엇일까요?

2. 친구들이 모여서 발해에 대해 이야기하고 있어요. 옳게 이야기한 친구를 찾아 모두 ○표 하세요.

아현	재민	민호	시은
발해는 고구려를 계승하려고 있어.	일본 형님 나라로 생각하며 왕래했어.	발해의 호족들은 노예를 없애자고 했어.	발해는 고구려 유민과 말갈족이 함께 모여 세운 나라야.

3. 발해는 거란의 침입으로 멸망했어요. 내가 만약 그 당시 발해 사람이었다면 어떻게 행동했을까요? 나의 생각을 써 보세요.

생각 톡톡

★ 친구들이 이야기를 나누고 있어요. ( ) 안의 알맞은 것에 ○표 하세요.

만약 (백제 부흥 운동, 발해 부흥 운동)이 성공해서 지금까지 발해가 존재한다면 어땠을까?

와! 생각만 해도 굉장한걸. 지금의 중국과 러시아 땅 일부가 우리나라 땅이라는 거잖아.

맞아. 만약 (통일, 전쟁)을 했다면 중국과 러시아 여행도 쉽게 갈 수 있어서 정말 좋을 것 같아.

어디 그뿐이야? 기차 타고 유럽까지 한 번에 갈 수도 있을 거야. 생각만 해도 설렌다!

논리적 글쓰기

★ 만약 발해 부흥 운동이 성공해서 발해가 지금까지 존재했다면 어땠을까요? 그때의 모습을 상상해 보고, 발해 영토를 포함한 통일 한국을 소개하는 글을 써 보세요.

내가 토론왕

★ '발해의 부흥 운동이 왜 실패했는가?'를 주제로, 육색 사고 모자 토론 방법에 따라 나의 생각을 써 보세요.

육색 사고 모자 토론

여섯 가지 색깔마다 다른 의미를 가진 모자를 쓰고 다양한 아이디어를 모으거나 수정하기 위한 토론 방법이에요.

- 흰색 : 객관적 사실 말하기
- 빨간색: 순간적인 감정 말하기
- 검은색: 어렵거나 위험한 점 말하기
- 노란색: 좋은 점 말하기
- 초록색: 다른 방법이나 새로운 방향 말하기
- 파란색: 지금까지의 다양한 생각 정리하여 말하기

해동성국으로 불린 발해

▲ 영안 상경성 항공 사진 © 『육정산과 발해진』

▲ 『발해고』 © 국립민속박물관

'해동성국'은 당나라 사람들이 발해에 붙여 준 이름이에요. '바다 동쪽에 있는 문화가 발달한 나라'라는 뜻이지요. 이 이름은 8세기에 크게 발전해 9세기에 전성기를 맞은 발해를 상징하는 말이 되었어요. 당나라에는 외국 유학생을 위한 빈공과라는 과거 시험이 있었는데, 여기에 합격한 발해 유학생이 열 명 가까이 되었다고 해요. 그들은 발해의 문화와 학문을 널리 알리며, 해동성국의 위상을 높이는 데 큰 역할을 했어요.

발해는 넓은 영토를 효율적으로 다스리기 위해 5경, 즉 다섯 개의 도읍을 두었어요. 대조영이 처음 도읍으로 정한 동모산성은 산 위에 있어서 생활이 불편했기 때문에, 제2대 무왕은 중경으로, 제3대 문왕은 상경으로 도읍을 옮겼어요. 이후에도 동경을 거쳐 다시 상경으로 수도를 옮기며 국토를 균형 있게 발전시켰어요. 그 밖에 서경과 남경도 있었는데, 이 다섯 도읍은 발해의 행정과 문화를 이끄는 중심지 역할을 했어요.

특히 수도 상경 용천부는 철저히 계획된 국제 도시였어요. 도로는 바둑판처럼 곧게 뻗었고, 궁궐과 관청, 사찰이 질서 있게 배치되어 있었어요. 당나라의 장안성을 본떠 만든 상경은 정치와 행정의 중심이자 외교 사절이 오가는 무대였지요. 발해는 상경, 중경, 동경, 서경, 남경의 5경과 15부 62주로 이루어진 정교한 행정 구역 제도로 광대한 영토를 안정적으로 다스렸어요. 또 중앙에는 3성 6부 제도를 마련해 왕권을 보좌하고 나라의 정책을 효율적으로 집행했어요. 3성은 왕의 명령을 검토하고 시행하며 균형을 이뤘고, 6부는 인사, 재정, 군사 등 다양한 일을 맡았어요. 이렇게 발해는 정치와 행정 체계가 잘 갖추어진 동아시아의 강국이었어요.

역사적 궁금증 | 왜 '남북국 시대'라고 부를까?

▲ 남북국 시대(신라와 발해)

우리가 보통 배우는 삼국 시대 이후에는 신라가 삼국을 통일했다고 하지만, 실제로는 신라와 발해가 함께 존재했어요. 역사학자들은 이를 '남북국 시대'라고 부르지요. 남쪽에는 신라가, 북쪽에는 발해가 자리 잡아 서로 경쟁하면서도 교류했어요. 두 나라는 각자의 문화와 제도를 발전시키며 동아시아의 강국으로 성장했어요. 특히 발해는 일본, 즉 왜에 사신을 자주 보내 외교 관계를 맺었어요. 당시 바다를 건너는 일은 매우 위험하고 어려웠지만, 발해 사람들은 여러 차례 일본을 찾아가 교류했어요. 일본 기록에는 발해 사신과 신라 사신이 한곳에서 마주쳤다는 내용도 남아 있어요. 이는 두 나라가 동시에 국제 무대에서 활발히 활동하며 영향력을 넓혀 갔음을 보여 주는 사실이에요. 결국 한반도와 만주 일대에는 남쪽의 신라와 북쪽의 발해가 함께 번영했던 시기가 있었던 거예요. 서로 다른 길을 걸었지만, 두 나라는 모두 우리 역사 속에서 찬란한 문화를 꽃피운 주인공들이었어요.

역사 상식 | 연꽃 핀 수막새, 고구려 정신을 잇다

▲ 고구려의 수막새(왼쪽), 발해의 연꽃무늬 수막새(오른쪽) © 국립중앙박물관

발해 초기의 유물에서는 고구려의 영향을 많이 찾아볼 수 있어요. 특히 무늬가 뚜렷하고 힘찬 느낌을 주는 연꽃무늬 수막새나, 입이 벌어진 나팔모양 단지에서 그 영향이 두드러지게 나타나요. 그중에서도 수막새는 기와지붕 끝을 장식하는 둥근 기와예요. 지붕을 마무리하면서 멋을 더하는 장식품이지요. 발해 유적에서 발견된 수막새에는 연꽃무늬가 새겨져 있어요. 단순히 예쁜 장식이 아니라 발해의 정체성을 보여주는 단서예요. 고구려의 절터와 궁궐에서도 연꽃무늬 수막새가 발견되었는데, 발해의 연꽃무늬는 그 전통을 그대로 이어받은 모습이에요. 연꽃은 불교의 상징으로 깨끗하고 고귀한 세상을 의미했어요. 따라서 발해의 연꽃무늬 수막새는 고구려의 건축과 불교 문화를 계승하면서도 독창적인 아름다움을 더한 것으로, 발해가 고구려를 계승한 나라임을 보여 주는 귀중한 유물이에요.

동북공정

계기교육 11

김치도 발해도 우리 것이에요!

2013년 우리나라의 김장 문화가 유네스코 인류 무형 국가유산으로 등재되었어요. 유네스코는 김장이 이웃끼리 음식을 나누며 공동체 의식을 높이는 소중한 문화라고 평가했지요. 세계 여러 나라 음식 중에서도 김치처럼 절인 채소를 매일 식탁에 올리는 문화는 한국이 거의 유일해요. 최근 전 세계에서 김치를 즐기는 사람이 크게 늘어나자 우리 정부는 김치의 가치를 널리 알리기 위해 11월 22일을 '김치의 날'로 정했어요. 김치를 만드는 11가지 재료가 어우러져 22가지 이상의 건강 효능을 낸다는 의미도 담고 있어요. 실제로 김치는 유산균과 비타민이 풍부해 심장병, 당뇨병, 암의 위험을 낮추는 데에도 도움을 준다고 알려져 있어요.

김치의 인기가 세계적으로 높아지면서 미국 캘리포니아주를 시작으로 브라질, 아르헨티나, 영국 등 여러 나라에서도 11월 22일을 공식적인 '김치의 날'로 기념하고 있어요. 그런데 김치가 세계적으로 주목받자 중국 일부 누리꾼들은 "김치는 중국에서 시작되었다"는 근거 없는 주장을 내놓고 있어요. 사실 이런 역사 왜곡은 처음이 아니에요. 2007년 중국은 '동북공정'을 통해 고구려와 발해까지 중국 역사라고 주장했지요. 발해는 지금의 중국, 러시아, 북한에 걸쳐 있는 나라였고, 일제 강점기에는 일본이 우리 역사를 왜곡해 발해 기록이 많이 사라지기도 했어요. 이런 이유로 발해는 더욱 잊히기 쉬운 나라가 되었지요. 하지만 "역사를 잊은 민족에게 미래는 없다"는 말처럼, 우리는 김치를 기념일까지 만들어 지키고 있듯이 우리 역사도 올바르게 알고 지키려는 노력이 필요해요. 세계 속에서 김치의 가치가 높아지는 지금, 우리 문화를 정확하게 알리고 바로 세우는 일은 더욱 중요해지고 있어요.

함께 읽으면 좋은 책

- **『과학 시간에 담근 김치』**, 노정임 글, 김지안 그림, 꼬마이실
- **『나는 비단길로 간다』**, 이현 글, 백대승 그림, 푸른숲주니어
- **『맛? 건강? 또 다른 문화 한류를 이끄는 한식』**, 이상미 글, 김창희 그림, 뭉치
- **『신흥대국 중국과 동북공정』**, 김대현 글, 정윤채 그림, 주니어김영사
- **『어린이를 위한 한국의 김치 이야기』**, 이영란 글, 강효숙 그림, 풀과바람

12월

고구려

동북아시아를 호령한 고구려

12월은 깊어가는 겨울과 함께 새로운 한 해를 준비하는 달이에요. 특히 12월에는 밤이 가장 길고 낮이 가장 짧은 동지가 있어요. 동지는 한겨울의 시작을 알리는 절기로, 가족이 함께 모여 팥죽을 나누며 건강과 복을 기원했지요. 이런 자연의 변화를 뜻깊게 받아들이며 한 해의 안녕을 빌던 마음은 아주 오랜 옛날 조상들도 같았어요. 추운 북방의 환경 속에서도 강한 기상과 문화를 꽃피운 고구려 사람들 역시 자연을 살피며 하늘에 제사를 올리고 공동체의 평안을 기원했거든요. 그렇다면 고구려는 어떤 나라였는지 함께 살펴볼까요?

01
사건 탐구

고구려의 영토 확장

키워드: 고구려, 고구려 장군, 대외 전쟁

▲ 광개토대왕릉비

고구려는 삼국 시대 동안 영토를 넓히고 외세로부터 나라를 지키기 위해 끊임없이 전쟁을 치렀어요. 남쪽으로는 백제와 신라를 **견제**하고, 북쪽으로는 중국의 수나라와 당나라의 침략을 막아야 했지요. 수나라와 당나라는 당시 중국을 통일한 거대한 제국이었어요. 만약 고구려가 이들과의 전쟁에서 패했다면 한반도는 중국의 지배를 받았을지도 몰라요.

612년, 수나라 양제는 113만 명이 넘는 대군을 이끌고 고구려를 침략했어요. 이때 을지문덕 장군은 정면 대결을 피하고 계속 후퇴하며 수나라 군을 지치게 만들었지요. 마침내 살수(지금의 청천강)에서 수나라 군이 강을 건너는 틈을 타 급습했고, 수군은 엄청난 피해를 입으며 거의 전멸했어요.

살수대첩은 지형과 심리전을 활용한 대표적인 승리로, 을지문덕을 동아시아 최고의 **명장 반열**에 올려놓았어요. 수나라 멸망 뒤에도 고구려는 당나라의 침략에 시달렸어요. 645년, 당 태종 이세민이 직접 군을 이끌고 고구려를 공격했을 때, 양만춘 장군은 안시성 **성주**로서 최전선에서 맞섰지요. 60여 일간 계속된 포위전 동안 그는 병사와 백성들을 독려하며 한 치도 물러서지 않았어요. 당나라 군은 거대한 투석기와 목제 탑차까지 동원했지만, 고구려의 강력한 방어와 전략 앞에 번번이 실패했고 결국 퇴각하고 말았어요. 고구려에는 을지문덕과 양만춘 외에도 부분노, 온달, 연개소문 등 수많은 장수들이 나라를 위해 싸웠지요. 이들의 뛰어난 용기와 전략, 백성을 아끼는 마음이 고구려를 수백 년간 굳건히 지켜냈어요.

어휘 쏙쏙

- **견제**: 한쪽이 지나치게 세력을 펴거나 자유로운 행동을 하는 것을 못하게 억누름.
- **명장**: 이름난 장수. 또는 뛰어난 장군.
- **반열**: 품계나 신분, 등급의 차례.
- **성주**: 성을 지키던 으뜸 장수.

개념 이해

1. 초성을 보고, 빈칸에 알맞은 말을 써 보세요.

645년, 안시성 성주 [ㅇ] [ㅁ] [ㅊ] 은

[ㄷ] 나라의 공격을 막아냈다.

2. 612년 살수대첩에서 수나라 대군을 무너뜨린 고구려 장군은 누구인가요?

① 묘도　　② 온달　　③ 을지문덕　　④ 담징

3. 고구려가 전쟁에서 이겼어요. 을지문덕 장군과 고구려 병사의 말을 보면, 당시 상황을 짐작할 수 있어요. 내가 고구려 병사라면 어떤 감정이 들었을지 상상해서 써 보세요.

을지문덕

안시성의 고구려 병사

생각 톡톡

★ 친구들이 이야기를 나누고 있어요. (   ) 안의 알맞은 것에 ○표 하세요.

(발해, 고구려) 장군들 가운데 을지문덕 장군이 제일 멋진 것 같아.

맞아. 나는 온달 장군도 정말 대단한 것 같아. 평강 공주와 함께한 이야기도 감동이고!

고구려에는 정말 대단한 장수들이 많았던 것 같아. 을지문덕 장군의 지략과 온달 장군의 용기는 본받을 만해.

나도 고구려 장군들의 정신을 본받아, 어떤 어려움이 닥쳐도 끝까지 이겨 내야겠어.

논리적 글쓰기

★ 고구려 장군 중 가장 인상 깊은 장군이 있었나요? 그 이유가 무엇인지 써 보세요.

쉬어 가기

★ 안시성 그림이에요. 두 그림을 잘 살펴보고, 어떤 부분이 다른지 5곳을 찾아, ○표해 보세요.

02

국가유산 탐구

고구려 왕릉의 비밀

키워드: 고구려, 무덤, 장군총, 고분, 벽화, 광개토대왕비

▲ 장군총

동북아시아 최강국으로 평가받는 고구려의 왕들은 어디에 묻혀 있을까요? 왕릉은 단순한 무덤이 아니라 고구려의 역사와 문화를 보여 주는 중요한 국가유산이에요. 고구려의 왕릉 대부분은 오늘날 중국 지린성 집안 지역에 있어요. 이곳은 고구려의 수도였던 국내성이 있던 곳으로, 건국 초기부터 후반기까지 정치와 문화의 중심지였지요.

집안 일대에는 왕과 귀족의 무덤이 **밀집**해 있으며, 그 가운데 가장 대표적인 것이 바로 장군총이에요. 거대한 돌을 층층이 쌓아 만든 이 무덤은 고구려 돌무지무덤의 완성도를 보여 주는 걸작으로 꼽혀요. 장군총은 규모와 격식이 웅장해 광개토 대왕의 무덤이라는 설이 있을 정도예요. 뿐만 아니라 당시 석조 건축 기술과 장례 문화를 잘 보여 주고, 연꽃무늬 기와, 철제 무기, 금동제 장식품 등 여러 유물이 출토되어, 고구려 지배층의 생활과 위상을 알 수 있어요.

또한 광개토대왕릉과 그 옆에 세워진 광개토대왕비는 고구려의 군사 활동과 영토 확장, 외교 관계를 기록한 귀중한 **사료**예요. 길이 6m가 넘는 거대한 규모로, 고구려 장군의 정신과 활약상을 상징적으로 보여 줘요.

무덤 안팎의 벽화와 출토 유물들은 고구려인의 생활, 종교, 예술을 엿볼 수 있는 단서가 되지요. 따라서 고구려의 왕릉은 단순한 무덤을 넘어, 강대국 고구려의 힘과 문화를 증명하는 살아 있는 역사 현장이에요. 이러한 유산들은 유네스코 세계 문화유산으로 지정되며, 전 세계의 관심과 보호를 받고 있어요.

어휘 쏙쏙

- **밀집**: 빈틈없이 빽빽하게 모임
- **사료**: 역사 연구에 필요한 문헌이나 유물.

개념 이해

1. 초성을 보고, 빈칸에 알맞은 말을 써 보세요.

고구려의 수도였던 곳으로, 현재 중국 지린성 집안 지역에 있는

도성 유적의 이름은 ㄱ ㄴ ㄷ 이다.

2. 잘 읽고 맞게 설명한 것에는 O, 잘못된 설명에는 X로 선택하세요.

① 장군총은 장수왕의 무덤이라는 설이 있다. (O, X)

② 광개토대왕비는 광개토 대왕의 비석을 말한다. (O, X)

3. 아래 벽화는 고구려 무덤에서 나온 것이에요. 아래 국가유산을 통해 알 수 있는 사실을 써 보세요.

▲ 무용총 © 국가유산청

▲ 고구려의 수산리 고분 벽화 © 한국학중앙연구원

생각 톡톡

★ **친구들이 이야기를 나누고 있어요. ( ) 안의 알맞은 것에 ○표 하세요.**

(광개토대왕비, 세종대왕비)는 중국 지린성 집안에 있어서 한국 사람들이 직접 보존하거나 관리하기 어렵대. 유네스코 기록에 따르면, 비석 일부가 습기와 탁본 과정에서 훼손됐다고 해.

맞아, 그리고 현재 비석이 세워진 비각이 너무 작고 유리로 막혀 있어 방문객들이 비석을 가까이서 잘 볼 수 없대. 전문가들은 이런 환경이 보존에는 좋지만, 일반 관람에는 불편하다고 평가했어.

(러시아, 중국) 정부가 엄격히 관리해서 비석을 보호하는 건 사실이야. 하지만 한국과의 역사 해석 차이 때문에 학술 교류나 방문이 제한적이라는 점은 아쉬워.

실시간 보존 기술 공유, 디지털 기록화 같은 방법 등으로 국제적으로 더 많은 협력이 필요할 것 같아.

논리적 글쓰기

★ **광개토대왕비뿐만 아니라 우리나라 밖에 있는 국가유산을 관리하는 데에는 어려움이 많아요. 해외에 있는 국가유산들을 잘 지키려면 어떻게 해야 할까요? 나의 생각을 써 보세요.**

쉬어 가기

★ 고구려에 대해 배운 내용을 떠올리며 사다리로 연결한 곳에 알맞은 내용을 써 보세요.

( )은 고구려에서 영토 확장을 가장 넓힌 왕이다.	( )의 무용도. 넓은 소매를 펄럭이며 훨훨 춤추는 모습이다.	( )하는 모습이 생생하게 담겨 있다.	거대한 돌을 층층이 쌓아 만든 ( )이다.

03

타임머신

고구려의 명장, 연개소문

키워드: 연개소문, 대막리지, 중앙 집권 체제, 고구려 멸망

연개소문은 고구려 말기의 대표적인 장군이자 정치 지도자였어요. 연개소문은 고구려의 최고 관직인 막리지 집안에서 태어났어요. '막리지'란 오늘날로 치면 국무총리이자 최고 군사령관에 해당하는 자리로, 연개소문의 할아버지 자유, 아버지 태조 모두 이 직책을 지냈어요.

연개소문은 어려서부터 힘이 세고 무예가 뛰어났으며, 나라의 일을 꿰뚫어 보는 지혜까지 갖추었다고 전해져요. 덕분에 젊은 나이에도 고구려의 중요한 벼슬에 오를 수 있었어요.

642년, 당시 영류왕은 당나라와 **화친** 정책을 펴며 전쟁을 피하려 했어요. 그러나 연개소문은 언젠가 당나라가 고구려를 침략할 것이라고 보고, 강력한 대비가 필요하다고 주장했어요. 이러한 주장을 위협적으로 본 왕과 귀족들은 연개소문을 제거하려 했어요. 결국 연개소문은 먼저 영류왕을 없앤 뒤 보장왕을 새 임금으로 세웠어요.

이후 연개소문은 군대 지휘권과 관리를 임명하는 인사권을 포함해 모든 국정의 실권을 장악했어요. 이후 대막리지라는 최고 권력 자리에 올라 반대파를 강하게 탄압하고, 독재 체제를 구축했어요. 연개소문은 대외 정책에서도 매우 강경했어요. 신라가 전쟁을 피하기 위해 화친을 요청했지만 이를 거부하고, 당나라에 맞선 전쟁 준비에 박차를 가했어요.

연개소문은 당나라의 대군을 물리치고, 수많은 귀족을 **숙청**하며 강력한 중앙 집권 체제를 이루었지요. 하지만 연개소문이 세상을 떠난 뒤, 고구려는 후계 문제와 정치적 갈등으로 내분에 휩싸였어요. 결국 이 틈을 노린 당나라와 신라의 연합군이 침략했고, 668년 고구려는 멸망하고 말았어요.

어휘 쏙쏙

- **화친**: 나라와 나라 사이에 다툼 없이 가까이 지냄.
- **숙청**: 정치 단체나 비밀 결사의 내부 또는 독재 국가 등에서 정책이나 조직의 일체성을 확보하기 위하여 반대파를 처단하거나 제거함.

개념 이해

1. 다음 인물과 관련 있는 것끼리 선으로 이어 보세요.

① 연개소문	Ⓐ 고구려의 제28대 마지막 왕이다.
② 보장왕	Ⓑ 고구려 말기의 대표적인 장군이자 정치 지도자이다.
③ 광개토 대왕	Ⓒ 고구려의 영토를 가장 넓힌 왕이다.

2. 당나라가 호시탐탐 고구려를 쳐들어오려고 했어요. 고구려의 왕이 신하들을 모아 놓고, 어떻게 대응해야 할지 의논하고 있어요. 이때 당나라와 친하게 지내자는 의견이 나오자 연개소문은 어떤 의견을 내놓았을까요? 내가 연개소문이라고 상상해서 글로 써 보세요.

생각 톡톡

★ 친구들이 이야기를 나누고 있어요. ( ) 안의 알맞은 것에 ○표 하세요.

나는 (대조영, 연개소문) 이 왕을 죽이고 권력을 빼앗은 건 나쁜 짓이라고 생각해. 왕을 살해하는 건 나라를 혼란에 빠뜨릴 수 있잖아.

나는 연개소문이 고구려를 지키려고 한 일이니까 정당한 일이라고 생각해. 당시 (영류왕, 만류왕)은 당나라와 친하게 지내려 했는데, 연개소문은 나라를 보호하기 위해 강하게 맞섰잖아.

아무리 이유가 있어도 폭력으로 왕을 죽인 건 잘못한 거야. 역사책에서도 연개소문 반정이나 쿠데타라고 부정적으로 표현하잖아?

나중에 나빠지긴 했지만, 그 전에는 당나라의 침략을 막아낸 것도 연개소문의 힘이었어. (요암성, 안시성) 싸움에서 고구려가 이길 수 있었던 게 그의 강한 리더십 덕분 아닐까?

논리적 글쓰기

★ 연개소문이 영류왕을 죽이고 나랏일을 도맡아 한 것은 반란일까요? 정당한 일일까요? 찬성과 반성 중 하나를 선택하고, 그렇게 생각한 이유를 써 보세요.

찬성/반대	이유

내가 토론왕

★ '연개소문이 왕이 되었다면 고구려의 미래는 달라졌을까?'라는 주제로 감정 온도계 토론 방법에 따라 나의 생각을 써 보세요.

감정 온도계 토론

참여자의 감정이나 의견의 강도를 숫자나 색으로 나타내며 토론을 유도하는 방법이에요. 특정 주제나 상황에 대한 감정적 반응을 0부터 100까지의 온도로 표현하고, 이를 통해 감정을 시각화하고 이해하는 활동이에요.

예

해당 온도와 함께 나의 생각을 써 보세요.	
90도	연개소문이 왕이 되었다면 고구려가 더 강해졌을 거예요. 연개소문 때문에 당나라가 고구려를 공격하지 못했으니까요. 왕이 되었다면 더 다양한 분야에서 능력을 발휘하고 반대 세력을 확실히 눌러 혼란을 막지 않았을까요?

해당 온도와 함께 나의 생각을 써 보세요.	

고구려 고분 벽화의 비밀

고구려는 우리 역사상 가장 넓은 영토를 다스리며 대륙을 호령하던 나라였어요. 수나라와 당나라 같은 중국의 큰 나라들도 함부로 넘보지 못할 만큼 강한 힘을 가졌지요. 그러나 신라의 삼국 통일 이후 고구려의 찬란한 문화는 점차 역사의 뒤안길로 사라졌고, 오늘날 그 시대를 가장 생생하게 전해 주는 것은 무덤 속에 남은 벽화들이에요. 지금까지 알려진 고구려의 벽화 무덤은 90여 개로, 주로 압록강 일대와 평양 주변에서 발견되었어요.

그렇다면 고구려 사람들은 왜 무덤의 벽면마다 생전의 모습을 가득 그려 넣었을까요? 처음에는 죽은 뒤에도 살아 있을 때처럼 잘살기를 기원하며 많은 부하를 거느리고 행차하는 모습이나 잔치를 열어 춤과 노래를 즐기는 장면을 많이 그렸어요. 하지만 나중에는 불교를 믿는 사람들이 늘어나 부처님이나 연꽃을 그리기도 했지요. 또한 하늘의 별을 신성하게 여겨 별자리를 그린 것도 고구려 벽화의 특징이에요. 이러한 벽화 예술은 남쪽의 백제, 신라, 가야에도 영향을 주어 공주와 부여, 고령 등지에서도 볼 수 있어요.

특히 대표적인 고분인 무용총에서는 고구려인의 생활과 예술을 뚜렷하게 엿볼 수 있어요. 고구려 사람들은 활쏘기에 능해 매년 3월 3일 평양 낙랑 언덕에서 사냥 대회를 열었고, 우승자에게는 임금이 직접 상을 내렸다고 해요. 무용총의 〈무용도〉는 귀족들이 음악과 잔치를 즐기던 모습을 보여 주며, 〈수렵도〉는 말을 타고 달리며 활을 쏘는 장면을 통해 고구려 군사들의 용맹함을 생생하게 전해 줘요. 고구려 벽화는 예술, 생활, 신앙이 어우러진 소중한 국가유산으로, 고구려인의 삶과 정신, 그리고 뛰어난 예술 감각을 오늘날까지 생생하게 전해 주고 있어요.

역사적 궁금증 | 고구려는 왜 자주 수도를 옮겼을까?

고구려는 나라의 형세와 시대의 변화에 따라 여러 차례 수도를 옮겼어요. 처음 수도는 졸본성이었는데, 절벽으로 둘러싸인 산 위에 있어 외적의 침입을 막기 좋았어요. 이후 국내성으로 천도하면서 국력이 커지고 동아시아의 강국으로 성장했지요. 그러나 위나라 등 강대국의 침략으로 수도가 위태로워지자, 고구려는 더 안전하고 넓은 평야 지대인 평양성으로 수도를 옮겼어요. 평양성은 농업과 교통이 편리하고, 남쪽으로 세력을 넓히며 한강 유역까지 차지하려는 전략적 위치였어요. 장수왕은 이곳에서 백제와 신라를 견제하고 중국의 공격에도 대비할 수 있었지요.

이처럼 고구려의 천도는 단순히 수도를 옮긴 일이 아니라, 나라를 지키고 더 크게 발전하기 위한 전략적인 선택이었어요. 전쟁, 정치, 경제, 생활 환경 등 여러 이유가 서로 맞물리며 고구려의 천도가 이루어진 거예요. 수도의 이동을 통해 고구려는 한층 더 강한 나라로 성장했고, 넓은 영토와 뛰어난 문화로 동아시아의 강국이 될 수 있었어요.

인물 탐구 | 바보 온달과 평강 공주

온달은 고구려의 평민 출신으로, 어려서 가난하고 어수룩해 사람들에게 바보 온달이라고 불렸어요. 하지만 그는 마음이 곧고 효심이 깊은 사람이었어요. 한편 고구려 왕실에는 평강 공주가 있었는데, 어릴 적 울 때마다 아버지가 "계속 울면 온달에게 시집보내겠다"라고 놀리곤 했어요. 그러나 평강 공주는 자라서도 그 말을 잊지 않고, 결국 스스로 온달을 찾아가 혼인했어요.

▲ 아차산의 온달 장군과 평강 공주 동상

결혼 후 온달은 평강 공주와 함께 힘을 합쳐 살림을 일구고, 무예를 익히며 장수로 성장했어요. 그는 나라의 부름을 받아 국경을 지키는 군사가 되었고, 수많은 전투에서 용감하게 싸웠어요. 특히 북방에서 고구려의 옛 땅을 되찾은 전투에 나서 큰 공을 세웠지요. 그러나 전투 중 화살에 맞아 끝내 장렬히 전사했어요. 온달은 비록 평민으로 태어났지만 노력과 용기로 나라를 위해 싸운 고구려의 영웅이에요. 그의 이야기는 지금까지도 신분을 뛰어넘은 사랑과 충성, 그리고 용기를 상징하는 전설로 전해지고 있어요.

'팥죽'은 언제부터 먹었을까요?

동지는 일 년 중 밤이 가장 길고 낮이 가장 짧은 날이에요. 중국 주나라에서는 동지를 한 해의 시작으로 삼아 '해가 다시 길어진다'는 의미에서 새해의 기운을 불러들이는 날, 즉 '작은 설'로 여겼어요. 이 풍습이 이어져 오늘날에도 "동지 팥죽을 먹어야 진짜 한 살을 더 먹는다"는 속담이 전해지지요.

동짓날에는 붉은 팥으로 쑨 팥죽을 먹어요. 붉은색이 태양의 기운을 상징해 나쁜 기운을 막는다고 믿었기 때문이에요. 옛사람들은 집 안과 마당에 팥죽을 뿌려 액운을 막고, 자신이 먹을 팥죽에는 나이만큼 새알심을 넣어 건강과 장수를 빌었어요. 새알심은 찹쌀가루로 동그랗게 만든 작은 경단이에요. 온 가족이 함께 팥죽을 나누어 먹으며 새해의 복을 빌었어요.

동지에 팥죽을 먹는 풍습은 고대 중국에서 시작되어 고구려로 전해졌어요. 지리적으로 가까운 고구려와 중국은 교류가 활발했기 때문에 문화가 자연스럽게 오갈 수 있었지요. 이렇게 들어온 중국의 풍습은 하늘과 조상을 섬기는 고구려의 공동체 신앙과 어우러져 우리 고유의 전통으로 자리 잡게 되었어요.

함께 읽으면 좋은 책

- **『귀신 단단이의 동지 팥죽』**, 김미혜 글, 최현묵 그림, 비룡소
- **『동짓날 풍경』**, 심수영 글, 배은윤 그림, 참글어린이
- **『더도 말고 덜도 말고 세시풍속 열두 마당』**, 김은하 글, 윤유리 그림, 웅진주니어
- **『열두 달 세시 풍속 이야기』**, 박혜숙 글, 한수자 그림, 토토북

정답

* 문제의 경우에는 정답을 확인하세요.
* 논술형 문제의 모범 답안은 참고용 예시일 뿐이며, 정답으로 단정하지 마세요.
* 역사적 사실을 서술하는 문제는 제시한 방향에 맞게 잘 서술하는지를 중심으로 보아 주세요.
* 아이들의 답안이 모범 답안과 다르더라도, 근거가 분명하고 타당한 내용이라면 정답으로 인정해 주세요.

1월 고조선_ 나라의 탄생

01 사건 탐구_ 우리 역사의 시작, 고조선

15쪽

개념 이해 1. 고조선 2. ① O, ② O

3.

천부인	내가 생각하는 의미
 ▲ 청동 거울	청동 거울이 반사되면 사람들은 청동 거울을 가지고 있는 사람의 기도에 하늘이 대답해 주는 것이라 생각할 것 같다.
 ◀ 청동 검	칼은 강한 힘을 나타내지만 나를 지키는 의미도 있다. 우리 백성을 지키고 왕의 힘을 보여 주는 도구로 청동 검을 가지고 온 것이라고 생각한다.
 ▲ 청동 방울	방울은 하늘과 땅을 연결하는 연결고리의 의미라고 생각한다. 현대의 무당들도 점괘를 볼 때 방울을 흔들며 신을 부르는 것과 같은 행동을 하기 때문이다.

16쪽

생각 톡톡 3개, 조선

심화 탐구 ①–Ⓐ, ②–Ⓒ, ③–Ⓑ

17쪽

논리적 글쓰기

참/거짓	이유
거짓	사람 한 사람이 1,500년 동안 나라를 다스리는 건 불가능하다. 아마도 단군이라는 왕호를 사용해, 1,500년 동안 여러 다른 왕들이 단군이라는 이름으로 나라를 이끌었던 것으로 보인다.

쉬어 가기

출발

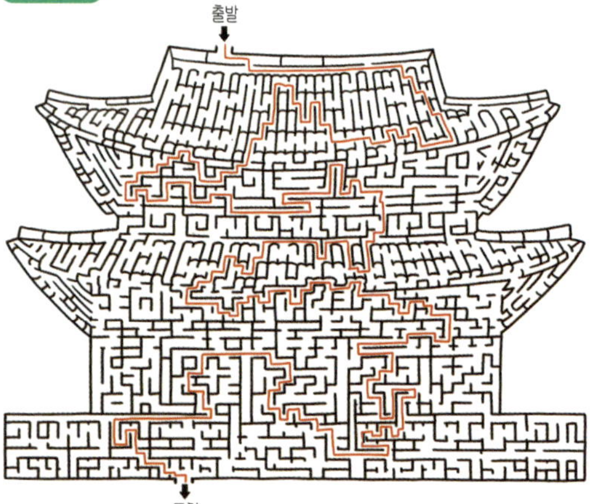

도착

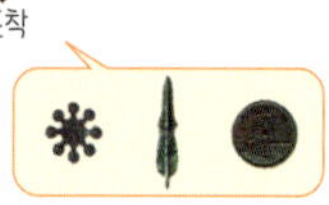

02 국가유산 탐구_ 마니산의 참성단

19쪽

개념 이해 1. 단군왕검 2. ① O, ② X 3. 참성단

20쪽

생각 톡톡 단군왕검, 청동기 시대

심화 탐구 아현, 시은

21쪽

논리적 글쓰기

상황	내 생각 표시하기			이유
	반대	중립	찬성	
환웅이 하늘에서 신하(바람, 비, 구름)와 함께 땅에 내려왔다.			○	고조선은 청동기 시대로 농사를 지었기 때문에 농사에 중요한 자연 현상을 말한 것 같다.
곰과 호랑이는 사람이 되고 싶었지만, 곰만 환웅이 한 말을 지켜 사람(웅녀)이 되었다.		○		고조선의 조상이 곰이라는 것은 받아들이기 힘들다. 아무래도 실제 곰이 아니라 곰을 섬기는 부족을 말하는 것 같다.
환웅과 웅녀는 결혼해서 단군왕검을 낳았다. 단군왕검은 홍익인간 정신으로 세상을 다스렸다.		○		곰이 단군왕검의 어머니가 되는 것은 좋지만 곰이 환웅과 결혼했다는 것은 이해하기 어렵다.
단군왕검은 나라를 잘 다스리기 위해 참성단에서 제사를 지냈다.			○	여러 시대를 거쳐 참성단에서 제사를 지내고 관리했던 것을 보면 옛날에는 한 해의 풍요를 기원하는 것이 중요했던 것 같다.

03 타임머신_ 고조선의 영토가 궁금해!

23쪽

개념 이해 1. ①, ③ 2. ① X, ② O 3. 청동기, 전쟁

24쪽

생각 톡톡 고조선, 지하자원

논리적 글쓰기

장점	땅이 넓으면 집도 넓게 짓고 사람들이 더 넓은 지역에서 나누어 살아 집값도 내려갈 것 같다. 또 관광객이 많이 찾아와 관광 수입도 늘어날 수 있고, 비행기를 타지 않아도 시베리아 횡단 열차를 이용해 유럽까지 여행할 수 있을 것 같다.
단점	중국 지역에는 다양한 민족이 함께 살아 민족 간 갈등이 생길 수 있고, 서로의 문화가 달라 문화적 차이도 나타날 것 같다.

25쪽

내가 토론왕

토론 전

토론 주제	다른 나라를 공격해 나라의 영토를 넓히는 것이 옳은 일일까요?		
내 생각 표시하기	반대	중립	찬성
			○
이유	찬성한다. 백성들이 잘 살기 위해서는 넓은 땅이 필요하다. 땅이 넓어야 집도 많이 짓고 농사도 많이 지을 수 있어 백성들이 더 행복하게 지낼 수 있다.		

토론 후

토론 주제	다른 나라를 공격해 나라의 영토를 넓히는 것이 옳은 일일까요?		
내 생각 표시하기	반대	중립	찬성
	○		
이유	반대한다. 전쟁은 많은 사람에게 상처를 남긴다. 서로의 영역을 평화롭게 지키며 사는 것이 가장 행복한 길이다.		

2월 조선_ 실학과 개혁의 바람

01 사건 탐구_ 병자호란

31쪽

개념 이해 1. 병자호란 2. ① O, ② X 3. 재민

32쪽

생각 톡톡 청나라

심화 탐구

	명나라와의 의리를 지킨다.	청나라에 항복한다.
예	• 명나라는 임진왜란 때 조선을 도와준 나라이기 때문에 우리도 끝까지 의리를 지켜야 한다. • 조선은 선비의 나라다. 오랑캐인 청나라와 손잡을 수 없다.	• 청나라는 강한 힘을 가진 나라다. 망해 가는 명나라를 버리고 청나라와 친하게 지내 나라를 위기에서 구해야 한다. • 의리보다 실리(실제 이익)를 챙겨야 한다.
내가 인조였다면?	내가 인조였다면 떠오르는 강대국이었던 청나라와 우호 관계를 맺어 평화를 지켰을 것 같다. 우리나라의 힘이 약한 상황에서 전쟁을 하면 결국 가장 큰 피해를 입는 것은 백성이기 때문이다. 그래서 명나라의 의리보다 백성을 지키기 위한 실리를 선택하는 것이 더 옳다고 생각한다.	

33쪽

논리적 글쓰기

토론자	주장과 이유
(백성)의 입장에서	가족과 함께 건강하게 사는 게 행복이지. 청나라와 친하든 명나라와 친하든 우리한테 쌀 한 톨 챙겨 줄 것도 아닌데 말이야. 전쟁이 나면 우리가 일군 농지는 다 망가질 거고 아들들은 군대로 끌려갈 수도 있어. 그럼 절대 안 돼. 좋은 임금이라면 무엇보다 백성을 행복하게 해 줘야 한다고 생각해.

02 국가유산 탐구_ 병자호란의 현장, 남한산성

35쪽

개념 이해 1. 남한산성, 세계 문화유산 2. ① O, ② X
3. ①–Ⓑ, ②–Ⓒ, ③–Ⓐ

36쪽

생각 톡톡 남한산성, 의병

심화 탐구 ⑤

37쪽

논리적 글쓰기

제목: 병자호란은 왜 일어났나?

우리는 그때 명나라와의 의리를 지키고 싶었지만, 청나라의 압도적인 힘 앞에서 어쩔 수 없이 항복할 수밖에 없었지요. 그러나 지금 돌아보면 양반으로서 끝까지 의리를 지키는 것이 옳지 않았나 하는 아쉬움과 후회가 남습니다.

03 타임머신_ 실학이 제대로 꽃피웠다면?

39쪽

개념 이해 1. 선비, 상인 2. ① O, ② X 3. 재민

40쪽

생각 톡톡 실학, 실학, 양반

논리적 글쓰기

일어났을 것이다.	일어나지 않았을 것이다.
왜냐하면 정조 임금처럼 훌륭한 임금이 있었음에도 결국 일본은 우리나라를 다시 침략했기 때문이다. 또 실학자들도 본질적으로 양반 신분이었기 때문에 신분제 철폐나 서양 문물을 적극적으로 받아들이는 데 한계가 있었던 것 같다. 따라서 실학이 있었다 해도 병자호란을 막기에는 어려웠을 것이라고 생각한다.	왜냐하면 실학자들은 개혁가였기 때문에 사회 제도를 빠르게 바꾸고 과학 기술을 발전시켰을 것이다. 이렇게 발전된 과학 기술을 바탕으로 신무기도 개발하고 군사력도 강화해, 청나라에 쉽게 당하지 않았을 것이라고 생각한다.

41쪽

내가 토론왕

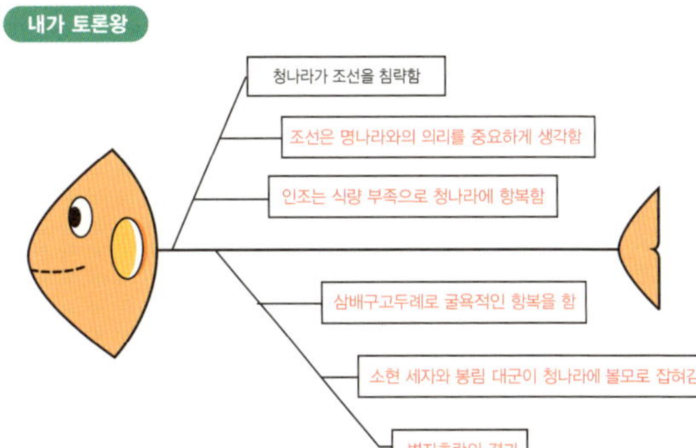

3월 고려_ 국제 교류로 열린 바닷길

01 사건 탐구_ 국제 무역의 중심지, 벽란도

47쪽

개념 이해 1 ④ 2. 벽란도

3.

고려	금, 은, 인삼, 나전 칠기, 종이, 돗자리 등을 수출	
송나라	비단, 도자기, 책, 약재, 악기 등을 수입	
내가 고려 시대 무역을 하는 상인이었다면?	어느 나라와 거래를 했을까요?	사우디아라비아
	무엇을 팔았을까요?	인삼과 종이
	무엇을 샀을까요?	석유

48쪽

생각 톡톡 무역

심화 탐구 ②

49쪽

논리적 글쓰기 그래서 저는 외국과의 무역을 통해 더 잘사는 나라를 만들 수 있다고 생각합니다.

쉬어 가기

02 국가유산 탐구_ 팔만대장경의 비밀

51쪽

개념 이해 1. 팔만대장경 2. ① O, ② X

3. 저는 팔만대장경을 새기신 고려 사람들에게 감사하다고 말하고 싶어요. 전쟁으로 나라가 위기에 처했는데도 포기하지 않고, 부처님의 힘에 기대며 끝까지 희망을 지켜 주셔서 정말 대단하다고 생각해요. 추운 겨울에도 뜨거운 여름에도 하루하루 정성을 다해 나무판에 글자를 새기느라 얼마나 힘드셨을지 상상이 안 돼요. 그 노고 덕분에 지금 우리는 소중한 국가유산을 볼 수 있고, 당시 사람들의 마음도 느낄 수 있어요. 나라를 지키려는 여러분의 용기와 믿음이 참 아름답다고 전하고 싶어요.

52쪽

생각 톡톡 팔만대장경, 해인사

심화 탐구 ② → ① → ③ → ④

53쪽

논리적 글쓰기

태권도 급수 시험을 준비하기 위해 매일 태권도 학원을 다니며 꾸준히 연습했다. 시험을 보기 전에는 간절히 기도하며 정성을 다해 준비했다.

03 타임머신_ 몽골의 침입, 어떻게 맞섰을까?

55쪽

개념 이해 1. ② 2. ① O, ② X 3. 재민

56쪽

생각 톡톡 고려, 외적

논리적 글쓰기

찬성/반대	이유
찬성	나라는 곧 나와 내 가족을 지켜 주는 터전이라고 생각한다. 일제 강점기 때 나라를 잃은 백성은 공부도 제대로 할 수 없었고 많은 핍박을 견뎌야 했다. 그래서 나라를 위해 목숨을 걸고 끝까지 싸우는 것은 국민으로서 마땅한 의무라고 생각한다.
반대	외적이 침입했을 때 무조건 목숨을 걸고 끝까지 싸워야 한다고 말할 수는 없다. 전쟁은 많은 생명을 잃게 하고, 나라의 미래에 큰 상처를 남기기 때문이다. 때로는 힘으로 맞서는 것보다 외교나 협상을 통해 피해를 줄이는 길이 더 현명할 수 있다. 살아남아야 다시 나라를 재건하고 사람들의 삶을 지킬 수 있기 때문이다. 무엇보다 소중한 생명을 지키는 것이 우선이라는 점에서, 모든 상황에서 끝까지 싸우는 것이 항상 옳다고 보기는 어렵다.

57쪽

내가 토론왕

	학습 후
생각 (단어나 문장)	1 몽골
	2 삼별초의 항쟁
	3 팔만대장경
질문	1 나라면 목숨을 바치며 나라를 위해 싸울 수 있었을까?
	2 팔만대장경이 나라의 운명을 바꾸는 데 도움이 되었을까?
비유	팔만대장경에 새긴 것은 단순한 글자가 아니라 우리의 민족 정신이다.

글쓰기

나는 고려가 몽골의 침략에 맞서 끝까지 싸운 것이 분명 미래를 바꾸는 데 도움이 되었다고 생각한다. 몽골은 당시 세계에서 가장 강한 나라였고, 수십 년 동안 고려를 끊임없이 공격했다. 그럼에도 고려는 쉽게 무너지지 않았고, 수도를 옮기고 성을 지키며 끝까지 저항했다. 특히 삼별초가 마지막까지 싸운 모습은 고려 사람들의 굳은 의지와 독립 정신을 잘 보여

준다.

또 팔만대장경을 만든 것도 중요한 의미를 가진다. 팔만대장경은 직접 전쟁을 이길 무기가 되지는 못했지만, 고려 사람들은 "부처님의 힘으로 나라를 지키자"는 마음으로 수십 년 동안 한 글자 한 글자에 정성을 쏟았다. 결국 경판에 새긴 것은 글자가 아니라 포기하지 않겠다는 고려인의 마음과 민족 정신이었다고 생각한다. 이러한 정신력이 있었기 때문에 고려는 끝내 나라를 보존할 수 있었고, 이후의 역사도 이어질 수 있었다고 본다.

나라면 그 시대에 목숨을 바치며 나라를 위해 싸울 수 있었을까? 솔직히 두렵고 어려운 선택이었겠지만, 내 가족과 우리 땅을 지키기 위해 용기를 내어 싸우고 싶었을 것 같다. 그때의 사람들도 평범한 백성이었지만, 나라가 위기에 처하자 모두가 힘을 모았다.

결론적으로, 고려가 끝까지 저항한 것은 단순히 당시의 전쟁을 버틴 것 이상이었다. 그들의 용기와 희생, 그리고 팔만대장경을 만들며 하나가 되었던 마음은 우리 민족의 정신을 지켜 주었고, 결국 고려의 미래와 그 이후의 역사까지 바꾸는 중요한 밑바탕이 되었다고 생각한다.

4월 현대 ①_ 국민이 만든 민주주의, 4·19 혁명

01 사건 탐구_ 이승만 정권과 4·19 혁명

63쪽

개념 이해 1. 민주주의 2. ① ○, ② ○

3.

민주주의의 가치	이유
평등	친구들이 서로 차별받지 않고 똑같이 존중받아서 좋다.
정의	잘못된 일은 바로잡고 올바른 일이 인정받아서 좋다.
참여	우리 반의 일을 함께 결정하고 의견을 낼 수 있어서 좋다.

64쪽

생각 톡톡 부정 선거, 권리

심화 탐구

이승만 정권이 1960년 3월 15일에 부정 선거를 저지른 이유는 권력을 계속 유지하려 했기 때문이라고 생각한다. 사람들의 진짜 의견을 존중하기보다, 자신들에게 유리한 결과를 만들기 위해 투표 방식을 조작한 것이다. 공개 투표를 강요하고 투표함을 바꿔치기한 것도 나라를 국민이 아닌 자신들이 편한 대로 다스리려는 행동이었다고 본다.

45쪽

논리적 글쓰기

찬성/반대	이유
찬성	나는 이 주장에 찬성한다. 4 · 19 혁명은 부당한 권력에 맞서 국민이 자유와 민주주의를 지키려 했던 뜻깊은 사건이다. 국민의 권리가 사라지면 부정과 부패가 커지고, 나라 역시 불안정해질 수밖에 없다. 따라서 4 · 19 혁명처럼 국민의 권리를 지키려는 행동이 곧 나라를 건강하게 지키는 길이라고 생각한다.
반대	나는 이 주장에 반대한다. 국민의 권리만 지나치게 강조하다 보면 국가의 안정과 질서가 무너질 수도 있다고 생각한다. 나라를 지키기 위해서는 권리뿐 아니라 질서, 안보, 그리고 공동체에 대한 책임도 함께 지켜야 한다. 따라서 국민의 권리를 보호하는 것은 중요하지만, 그것만으로는 나라를 온전히 지킬 수 없다고 본다.

쉬어 가기

전한승 형에게,

안녕하세요? 저는 요즘 학교에서 4 · 19 혁명에 대해 배우고 있어요. 형이 너무 어린 나이에 민주주의를 위해 거리로 나섰다가 목숨을 잃었다는 이야기를 듣고 마음이 많이 아팠어요. 형에게는 미안하지만 형이 지키려 한 자유와 올바른 세상이 있었기에 지금 우리는 마음껏 공부하고 말할 수 있다고 생각해요.

저도 앞으로 바른 말을 하고, 잘못된 일에 침묵하지 않는 사람이 되려고 해요. 형의 용기를 잊지 않고 항상 기억하겠습니다.

고맙습니다.

민호 드림

02 국가유산 탐구_ 4·19 혁명 기록물

67쪽

개념 이해 1. 유네스코 2. ① X, ② ○ 3. 민호

68쪽

생각 톡톡 4 · 19, 민주주의

심화 탐구

4 · 19 혁명 기록물 감상문	
무엇을 보았나요?	4.19 혁명 당시 거리에서 시위하는 학생들의 사진을 보았다.
왜 인상 깊었나요?	지금의 나보다 조금 더 큰 언니 오빠들이 두려움 없이 거리로 나섰다는 점이 인상적이었다.
어떤 생각이 들었나요?	나라를 바꾸는 일은 어른만의 일이 아니라 우리 학생들의 목소리도 중요하다는 생각이 들었다. 나도 불공정한 일을 보면 용기 있게 목소리를 낼 수 있는 사람이 되고 싶다.

69쪽

논리적 글쓰기

찬성/반대	이유
찬성	나는 이 주장에 찬성한다. 역사 기록이 사라지면 부당한 권력과 잘못된 과거가 잊혀져 같은 실수를 반복할 위험이 있다. 반대로 기록을 보존하면 다음 세대가 민주주의의 가치와 중요성을 배우며 더 나은 사회를 만들 수 있다. 따라서 4 · 19 혁명 기록물을 지키는 일은 민주주의 정신을 이어 가는 일이며, 우리의 미래를 위한 소중한 자산이라고 생각한다.
반대	나는 이 주장에 반대한다. 기록을 지킨다고 해서 민주주의가 자동으로 유지되는 것은 아니기 때문이다. 민주주의를 지키기 위해서는 기록 보존뿐 아니라 교육과 시민 참여, 그리고 제도 개선이 함께 이루어져야 한다. 결국 기록은 민주주의를 위한 중요한 도구일 뿐, 그것만으로는 민주주의를 완전히 지킬 수 없다고 생각한다.

쉬어 가기

부정 선거는 민주주의의 적이다! / 진실한 표가 나라를 살린다! / 우리의 목소리를 막지 마세요! / 자유는 국민의 힘으로 지킨다! / 정직한 나라, 우리가 만든다!

03 타임머신_ 조선의 천재 과학자들을 만난다면?

71쪽

개념 이해 1. 세종 대왕 2. ① X, ② O 3. 장영실

72쪽

생각 톡톡 앙부일구, 발명품

논리적 글쓰기

찬성/반대	이유
찬성	나는 이 주장에 찬성한다. 조선의 발명품은 사회 변화를 이끄는 중요한 혁신이었다. 예를 들어 거중기는 무거운 돌을 쉽게 들어 올릴 수 있어 백성들의 노동을 줄이고, 성곽과 건축물을 더 빠르고 튼튼하게 만들 수 있게 했다. 또 측우기는 농사에 꼭 필요한 비의 양을 정확하게 기록할 수 있게 해 농업 발전과 백성들의 생활 안정에 큰 도움을 주었다. 따라서 조선의 발명품은 사회를 더 편리하고 발전된 방향으로 이끈 중요한 혁신이라고 생각한다.
반대	나는 이 주장에 반대한다. 조선의 발명품이 혁신적이었다는 점은 인정하지만, 그것이 사회 전체의 변화를 이끌었다고 보기는 어렵다. 예를 들어 측우기는 농업 발전에 도움이 되었지만 실제로는 관청에서만 사용되었고, 모든 농민이 직접 활용하기는 어려웠다. 또 앙부일구 역시 글자를 모르는 백성이나 도시에 살지 않는 사람들에게는 사용하기 힘든 도구였다. 따라서 조선의 발명품은 일부 계층에만 영향을 주었을 뿐, 사회 전반에 큰 변화를 일으켰다고 보기는 어렵다고 생각한다.

73쪽

내가 토론왕

측우기, 이유 및 의견: 농업에 꼭 필요한 비의 양을 정확히 알 수 있어, 농사 방법을 개선하고 백성들의 생활 안정에 큰 도움이 되었기 때문이다.

자격루, 이유 및 의견: 종과 북을 쳐 시간을 알려 주는 자동 장치 덕분에 정해진 시간에 나라의 일을 정확하게 처리할 수 있었기 때문이다.

앙부일구, 이유 및 의견: 글자를 모르는 백성도 그림자를 보고 시간을 알 수 있어, 모두가 시간을 평등하게 사용할 수 있었기 때문이다.

거중기, 이유 및 의견: 무거운 돌을 쉽게 들어 올려 성곽과 건축물을 짓는 데 도움이 되었기 때문에, 백성들의 노동을 줄이고 건축 기술 발전에도 큰 도움이 되었기 때문이다.

대동여지도, 이유 및 의견: 한반도의 지형을 매우 자세하게 그린 지도여서, 백성들이 여행이나 물자를 이동할 때 도움이 되었고 나라에서 행정을 할 때도 크게 도움이 되었기 때문이다.

5월 현대 ②_ 5·18 민주화 운동과 6월 민주 항쟁

01 사건 탐구_ 5·18 민주화 운동과 민주주의

79쪽

개념 이해 1. 희생, 헌신 2. ① O, ② O

3. 이어 쓰기: 광주 시민들은 서로를 돕고 힘을 모아 끝까지 민주주의를 지키려고 했어요. 그들의 용기와 연대는 오늘날 우리가 자유롭게 의견을 나누고 선거를 할 수 있는 밑거름이 되었어요. 그래서 우리는 5 · 18 민주화 운동을 잊지 않고 꼭 기억해야 해요.

80쪽

생각 톡톡 광주

논리적 글쓰기

나는 5 · 18 민주화 운동이 오늘날에도 매우 중요한 의미를 가진다고 생각한다. 그 이유는 민주주의와 자유를 지키기 위해 많은 사람이 희생했기 때문이다. 이 사건을 기억함으로써 앞으로 부당한 권력이 생기지 않도록 경계할 수 있다. 우리는 5 · 18 민주화 운동을 잊지 않고, 민주주의를 지키기 위한 노력을 계속해 나가야 한다고 생각한다.

81쪽

생각 열기

인터뷰 제목	5 · 18 민주화 운동에 대해서
날짜	20○○년, ○월, ○○일
장소	광주역
기자 이름	이소원
인터뷰 대상과 상황	박○○(5 · 18 민주화 운동에 참여했던 시민)
질문 1	그날 거리로 나오게 된 이유가 무엇인가요?
답변 1	저는 단지 평범한 시민이었지만, 군인들이 시민들에게 폭력을 행사하는 모습을 보며 더는 침묵할 수 없었어요. 민주주의와 자유를 지키기 위해 거리로 나와 목소리를 내여 한다고 생각했습니다.
질문 2	시위 현장에서 가장 기억에 남는 장면은 무엇인가요?
답변 2	모두가 두려웠지만 서로를 돕는 모습이 가장 기억에 남아요. 처음 보는 사람들끼리도 먹을 것과 물을 나누고, 부상자를 함께 돌보던 장면은 지금도 제 마음속에 깊이 남아 있습니다.

질문 3	당시 가장 힘들었던 점은 무엇이었나요?
답변 3	가장 무섭고 힘들었던 순간은 군대가 도시로 진입해 군인들이 시민들을 강하게 진압하던 것입니다. 언제 총알이 날아올지 몰라 늘 두려웠고, 가족을 지켜야 한다는 마음과 민주주의를 위해 외쳐야 한다는 마음 사이에서 큰 갈등을 겪었습니다.
질문 4	민주주의가 왜 중요하다고 생각하나요?
답변 4	민주주의는 국민 한 사람 한 사람이 주인으로 존중받는 제도이기 때문입니다. 권력이 소수에게 집중되면 부당한 일이 생기기 쉽지만, 민주주의가 제대로 지켜질 때 우리는 자유롭게 의견을 말하며 더 나은 사회를 만들 수 있다고 믿습니다.

02 국가유산 탐구_ 5·18 민주화 운동 기록관

83쪽

개념 이해 1. 민주화 운동 2. ① O, ② X 3. 아현

84쪽

생각 톡톡 민주주의, 국가유산

심화 탐구

안녕하세요? 저는 오늘 5·18 광주 민주화 운동 기록관을 안내할 이소원입니다. 여러분, 이곳은 민주주의를 지키기 위해 시민들이 얼마나 용기 있게 싸웠는지 보여 주는 공간입니다. 당시 광주 시민들은 두려움 속에서도 서로를 지키며 끝까지 저항했고, 많은 희생이 뒤따랐습니다. 기록관에 전시된 사진과 물품, 그리고 영상은 그날의 아픔뿐 아니라 광주 시민들이 만들어 낸 연대의 문화를 담고 있어요. 저는 여러분이 이 공간을 둘러보며 5·18 민주화 운동의 의미를 마음 깊이 느끼길 바랍니다. 그래서 이곳은 우리 모두가 기억해야 할 공간입니다.

85쪽

논리적 글쓰기

기록이 없는 세상은 민주주의를 지킨 사람들의 희생을 알 수 없다. 따라서 1980년 5월의 진실은 왜곡되거나 잊혀질 것이다.

기록이 있는 세상은 사진, 영상, 편지 등을 통해 민주주의의 소중함을 배우고, 시민들의 용기와 단합이 만들어 낸 변화를 제대로 이해할 수 있다.

그래서 중요한 역사 기록은 반드시 보존해야 한다.

생각 열기

물건: 구급상자

이유: 1980년 5월 광주에서는 많은 시민들이 다쳤다. 약, 붕대, 소독약이 들어 있는 구급상자는 부상자를 치료하는 데 꼭 필요했을 것이다. 작은 상처라도 치료해야 더 큰 위험을 막을 수 있다.

물건: 카메라

이유: 당시 광주의 진실을 기록하고 세상에 알리는 것이 매우 중요했다. 카메라로 현장을 찍어 두면 훗날 왜곡 없이 사실을 전할 수 있고, 시민들의 용기와 희생을 잊지 않게 할 수 있다.

03 타임머신_ 대통령 선거와 민주주의

87쪽

개념 이해 1. 6월 민주 항쟁 2. ① X, ② O

3. 6월 민주 항쟁 이후 대통령 직선제가 실시되면서 대통령을 뽑는 방식이 국민이 직접 투표하는 방식으로 바뀌었다.

88쪽

생각 톡톡 국회의원, 국민

논리적 글쓰기

대통령은 반드시 국민이 직접 뽑아야 한다고 생각한다. 첫째, 예전의 간선제는 소수의 사람만 대통령을 결정했기 때문에 국민의 진짜 목소리가 제대로 반영되지 않는 한계가 있었다. 이런 방식은 권력이 몇몇 사람에게 집중되고, 부정 선거가 일어날 가능성도 컸다.

둘째, 직선제는 모든 국민이 한 표씩 투표해 스스로 국가의 지도자를 선택하는 제도이기 때문에 더 공정하고 투명하다. 국민이 직접 선택했기 때문에 대통령도 국민을 두려워하고, 책임 있게 나라를 운영하려고 노력한다.

셋째, 민주주의의 가장 중요한 가치는 국민의 참여와 주권이다. 나라의 주인은 국민이므로, 가장 중요한 자리인 대통령을 국민이 직접 뽑는 것은 민주주의를 지키는 기본적인 과정이라고 생각한다.

이런 이유로 대통령은 국민이 직접 뽑아야 하며, 직선제는 민주주의를 건강하게 유지하는 데 꼭 필요한 제도라고 생각한다.

89쪽

내가 토론왕

이름

이한열

1987년 6월 민주 항쟁 당시 시위를 이끌던 대학생

최루탄에 맞아 쓰러진 뒤 전국 시민을 행동으로 이끈 인물

질문

그때 가장 하고 싶었던 말은 무엇이었나요?

답변

두려움보다 더 큰 것은 우리 모두의 자유에 대한 마음이에요. 누군가가 먼저 쓰러져도 민주주의는 멈추면 안 돼요. 지금의 작은 용기가 내일의 더 큰 변화를 만들 거예요.

01 사건 탐구_ 6·25 전쟁과 남북 분단

95쪽

개념 이해 1. ② 2. 이산가족

3. 만약 제가 이산가족이 된다면 마음이 몹시 슬플 것 같다. 전쟁 때문에 사랑하는 가족을 갑자기 잃어버렸다는 사실이 쉽게 믿기지 않을 것 같다. 가족이 어디에서 어떻게 살고 있는지, 지금도 건강한지 알 수 없어 걱정되고 밤에도 잠들기 어려울 것 같다. 또 언제 다시 만날 수 있을지 모른다는 두려움과 불안이 마음속에 계속 남아 있을 것 같다. 혹시 평생 다시 보지 못하게 될까 봐 매일 하늘만 바라보며 기다릴 것 같다. 가족사진을 꺼내 보고 함께했던 순간을 떠올리며 눈물이 날 것 같다. 그래서 나는 이산가족의 마음이 얼마나 외롭고 아픈지 조금은 이해할 수 있을 것 같다.

생각 톡톡 이산가족

심화 탐구

북한이 6 · 25 전쟁을 일으켰을 때 나라 전체가 큰 혼란에 빠졌을 것이다. 갑작스러운 침략으로 서울이 불과 며칠 만에 함락되고, 사람들은 짐을 챙길 틈도 없이 피난길에 올랐다. 총성과 폭탄 소리가 계속 들리고, 집과 학교, 마을이 무너지는 모습을 보며 모두가 두려움과 불안에 떨었을 것이다. 만약 그때 내가 그 장소에 있었다면 너무 무서웠을 것 같다. '우리나라가 정말 사라지는 건 아닐까?' 하는 두려움도 느꼈을 것 같다. 하지만 한편으로는 나라를 지키고 싶은 마음도 컸을 것 같다. 군인들이 목숨 걸고 나라를 지키는 모습을 보며, 국민으로서 함께 힘을 모아야 한다는 생각이 들었을 것 같다.

97쪽

논리적 글쓰기

나는 강대국의 개입이 6 · 25 전쟁을 빨리 끝내는 데 도움이 되지 않았다고 생각한다. 처음에는 국제 연합군이 참전하면서 북한의 남침을 막고 반격할 수 있었기 때문에 전쟁이 금방 끝날 것처럼 보였다. 하지만 곧 중국군이 참전하면서 전쟁은 더 길어지고 더 복잡해졌다. 강대국들이 서로 자신의 이익을 지키려고 개입하면서 전쟁은 휴전선 근처에서 길게 이어졌고, 결국 3년 동안 수많은 희생만 늘어났다.

즉, 강대국의 도움 덕분에 남한이 완전히 무너지지 않은 것은 맞지만, 여러 나라가 전쟁에 얽히면서 전쟁이 오히려 더 길어졌다고 생각한다. 만약 주변 강대국들이 서로 경쟁하지 않고 평화를 위해 협력했다면 전쟁은 더 빨리 끝날 수 있었을지도 모른다. 그래서 나는 강대국의 개입이 전쟁을 빠르게 끝내기보다는 더 복잡하게 만들었다고 생각한다.

쉬어 가기

비	비처럼 고운 마음을 모아
무	무너진 마음을 다시 세우고
장	장차 올 평화를 기다리며
지	지구의 모든 전쟁이 끝나길
대	대대손손 평화를 지켜보자

02 국가유산 탐구_ 전쟁 기념관

99쪽

개념 이해 1. 참전비 2. ① X, ② X

3. 전쟁터에서 보았던 그 작은 나라가 이렇게 멋지게 성장하다니, 정말 믿기지 않는구나. 그때는 폐허와 연기만 가득했는데, 지금은 빌딩이 숲처럼 솟아 있고 사람들이 자유롭게 웃으며 살아가고 있네. 우리가 목숨 걸고 지키려 했던 평화가 이렇게 잘 지켜져 있는 걸 보니 정말 기쁘다. 한국인들이 어려움을 이겨 내고 여기까지 온 것이 자랑스럽구나. 앞으로도 이 평화를 오래오래 지켜 주길 바란다.

100쪽

생각 톡톡 전쟁, 평화

논리적 글쓰기

찬성/반대	이유
찬성	나는 다른 나라 전쟁에 우리 군인을 파병하는 것에 찬성한다. 첫째, 국제 사회에서 평화를 유지하려면 국가 간 협력이 꼭 필요하며, 파병은 국제 평화에 기여하는 행동이라고 생각한다. 둘째, 우리나라가 국제 사회에서 책임 있는 모습을 보이면 신뢰를 얻고, 외교적으로도 더 큰 도움을 받을 수 있다. 셋째, 파병을 통해 군사 경험을 쌓고 국가 안보에 필요한 정보를 얻을 수 있으며, 경제적, 외교적 이익도 생길 수 있다. 따라서 나는 우리 군인이 국제 평화를 위해 파병에 참여하는 것이 나라의 미래에도 도움이 되는 선택이라고 생각한다.
반대	나는 다른 나라의 전쟁에 우리 군인을 파병하는 것에 반대한다. 첫째, 파병은 우리 군인의 안전을 위협할 수 있다. 타국의 전쟁에 참여하면 예상하지 못한 위험에 노출되기 쉽다. 둘째, 외교적으로 특정 국가의 편을 든 것으로 보일 수 있어, 오히려 다른 나라와 갈등이 생기는 외교적 부담이 커질 수 있다. 셋째, 군사적 피해 가능성이 높아 국가적 손실이 생길 수 있으며, 국민들의 불안도 증가할 수 있다. 따라서 우리 군인의 안전과 외교적 부담, 군사적 피해를 고려할 때 다른 나라의 전쟁에 군인을 파병하는 것은 옳지 않다고 생각한다.

101쪽

쉬어 가기

제목: 전쟁기념관을 다녀와서

나는 이번에 전쟁기념관을 다녀왔다. 전시관에는 6 · 25 전쟁 당시 사용된 무기와 군복, 사진 자료들이 전시되어 있어 그때의 치열한 상황이 느껴졌다.

특히 참전 군인들의 기록과 영상을 보면서 "나라를 지키기 위해 목숨을 바쳤다"는 말을 들었을 때 마음이 뭉클했다. 전쟁으로 많은 사람들이 목숨을 잃고 가족들과 헤어졌다는 사실이 정말 안타까웠다.

또한 유엔군 참전비를 보면서 먼 나라에서 우리를 돕기 위해 찾아온 분들에게 깊은 감사함을 느꼈다. 그분들의 희생 덕분에 지금 우리가 자유롭고 평화롭게 살고 있다는 사실도 알 수 있었다.

이번 체험을 통해 평화가 얼마나 소중한지 깨달았다. 앞으로는 전쟁이 없는 세상을 만들기 위해 우리가 더 노력해야 한다는 마음이 생겼다.

03 타임머신_ 6·25 전쟁과 통일

103쪽

개념 이해 1. 휴전선 2. ① O, ② X

3. 국제기구: 국제 연합

사랑하는 군인 아저씨께,

1950년 6 · 25 전쟁 때, 멀리 다른 나라에서 대한민국을 지키기 위해 함께 싸워 주셔서 진심으로 감사드립니다. 여러분의 용기와 희생 덕분에 우리나라는 자유와 평화를 지킬 수 있었습니다.

낯선 땅에서 위험을 무릅쓰고 도와주신 따뜻한 마음을 잊지 않겠습니다. 지금의 대한민국이 발전하고 우리가 안전하게 살아갈 수 있는 것은 여러분의 헌신 덕분입니다.

다시 한번 깊이 감사드리며, 여러분의 나라에도 늘 평화와 행복이 함께하길 바랍니다.

감사합니다.

대한민국 이호진 올림

104쪽

생각 톡톡 통일, 경제, 이산가족

논리적 글쓰기

찬성/반대	이유
찬성	나는 우리나라가 통일을 해야 한다고 생각한다. 첫째, 통일이 이루어지면 한반도에서 전쟁 위험이 줄어들어 더 안전하고 평화로운 사회를 만들 수 있다. 둘째, 오랫동안 헤어진 이산가족이 다시 만나 가족의 아픔을 해결할 수 있다. 셋째, 남북이 서로 부족한 부분을 보완하며 경제와 사회가 더 크게 발전할 수 있다. 따라서 평화와 가족의 행복, 그리고 미래 발전을 위해 우리나라가 통일을 이루는 것이 바람직하다고 생각한다.
반대	나는 우리나라가 통일을 서두를 필요는 없다고 생각한다. 첫째, 남북은 정치 · 경제 제도가 크게 달라, 갑작스러운 통일은 혼란을 가져올 수 있다. 둘째, 생활 수준과 문화 차이로 인해 통일 후 사회적 갈등이 생길 수 있다. 셋째, 통일 과정에서 큰 비용이 들 수 있어 국민에게 경제적 부담이 증가할 수 있다. 따라서 여러 차이를 충분히 줄이고 준비가 갖춰지기 전까지는 통일을 신중하게 생각해야 한다고 본다.

105쪽

내가 토론왕

단계	질문	답변
1단계	왜 한반도에 전쟁이 일어났을까?	북한이 무력으로 남한을 통일하려고 전쟁을 일으켰기 때문이다.
2단계	왜 (1단계 답변)이 일어났을까?	당시 남북이 서로 다른 체제(공산주의와 민주주의)를 갖고 있었고, 서로를 인정하지 않았기 때문에 전쟁이 일어났다.
3단계	왜 (2단계 답변)이 생겼을까?	냉전 시대였기 때문에 미국과 소련 같은 강대국이 각각 남한과 북한을 지원하며 대립했기 때문이다.
4단계	왜 (3단계 답변)이 계속되었을까?	한반도가 군사적 · 지정학적으로 중요한 위치에 있어기 때문에, 강대국들이 서로 영향력을 차지하려 했기 때문이다.
5단계	왜 (4단계 답변)이 근본 원인일까?	한반도는 아시아에서 중요한 전략적 요충지였기 때문에 강대국의 경쟁이 집중되었고, 이것이 전쟁이 일어난 근본 원인이 되었다.

7월 신라_ 한반도를 통일한 나라, 신라

01 사건 탐구_ 신라의 삼국 통일

111쪽

개념 이해 1. 신라 2. ① X, ② X

3. 660년: 신라와 당나라 연합군이 백제를 멸망시킴.

668년: 고구려가 멸망함.

676년: 산라와 당나라 연합군의 전쟁 중 신라 군대가 당나라 군대를 격파하고 신라 통일을 이룸.

해설: 신라는 당나라와 연합하여 660년 백제를 시작으로, 668년 고구려를 멸망시켰습니다. 그 후 당나라는 신라의 땅을 차지하려 하지만, 신라는 당나라와의 전쟁에서 승리하여 당나라를 몰아내고 676년 삼국 통일을 이루었습니다.

112쪽

생각 톡톡 신라, 통일

논리적 글쓰기

만약 내가 김춘추라면 당나라에게 도움을 요청했을 것이다. 왜냐하면 신라는 백제와 고구려를 물리칠 힘이 부족했고, 나라를 지키기 위해서는 더 큰 외교적 지원이 필요했기 때문이다. 삼국 통일이라는 목표를 이루기 위해 먼저 당나라의 힘을 빌리는 것이 현실적이고 효과적인 선택이라고 판단했을 것 같다.

만약 내가 김춘추라면 다른 나라의 도움 없이 삼국을 통일했을 것이다. 왜냐하면 삼국 통일은 신라 스스로 원했던 일이며, 영토를 넓히고 국가의 힘을 키우기 위한 목표였기 때문이다. 그런데 외국의 힘을 빌리면 통일 이후 신라가 차지할 수 있는 영토나 영향력이 줄어들 수 있다고 생각한다. 그래서 시간이 오래 걸리고 과정이 힘들더라도, 신라의 힘만으로 통일을 이루는 길을 선택했을 것 같다.

02 국가유산 탐구_ 첨성대와 경주 대릉원

115쪽

개념 이해 1. 선덕 여왕 2. ① O, ② X

3.

구조	의미
화강암 27단	첨성대를 만든 선덕 여왕이 신라의 제27대 왕임을 의미한다.
365개의 돌	1년이 365일이라는 사실을 나타낸다.
아래 12단	1년, 12개월을 의미한다.
위 12단	절기를 의미한다.

116쪽

생각 톡톡 천마총, 천마총

논리적 글쓰기

찬성/반대	이유
찬성	유물 발굴은 연구하는 데 꼭 필요한 과정이다. 유물은 과거 사람들의 생활과 문화를 그대로 담고 있는 소중한 자료이기 때문이다. 발굴을 통해 우리는 새로운 역사 사실을 발견하고, 이를 후손들에게 정확하게 전할 수 있다. 그래서 유물 발굴은 역사를 보존하고 이해하는 데 매우 중요한 역할을 한다.
반대	유물 발굴은 역사 연구를 위해 꼭 필요한 활동이라고만 볼 수는 없다. 예를 들어 천마총의 경우, 지나친 발굴 과정 때문에 고분이 지닌 원래의 모습과 가치가 충분히 보존되지 못했다. 유물을 발굴하면 연구에 도움이 될 수 있지만 무리한 발굴은 오히려 문화유산을 훼손할 위험이 있다. 따라서 연구를 위해서라면 무조건 발굴해야 한다는 생각은 옳지 않으며, 보존을 우선하는 신중한 접근이 필요하다고 생각한다.

03 타임머신_ 나라를 위해 수련한 청소년들, 화랑도

119쪽

개념 이해 1. 화랑도 2. ① O, ② X 3. 시은

120쪽

생각 톡톡 화랑도, 화랑도

논리적 글쓰기

세속오계	현대 사회
임금에게 충성해라	내가 살고 있는 동네와 학교를 사랑하라
부모에게 효도해라	가족을 사랑하고 어른들에게 예의를 지켜라
친구와 믿음을 지켜라	친구와 약속을 잘 지키자
전쟁터에서 물러서지 마라	힘든 일이 있어도 쉽게 포기하지 말자
살생은 함부로 하지 마라	모든 생명을 소중히 여기자

121쪽

내가 토론왕

	이유
필요하지 않다	오늘날에는 화랑도와 같은 리더십 제도가 필요하지 않다고 생각한다. 화랑도는 귀족 출신 중 품행이 바른 사람만을 화랑으로 뽑고, 그 아래에 낭도를 두는 방식이었기 때문이다. 즉 능력보다 신분이 먼저 고려되는 제도였고, 신분이 낮으면 화랑이 될 수 없었다. 이런 점에서 현대 사회의 평등한 리더십 가치와 맞지 않기 때문에, 오늘날에는 화랑도와 같은 제도가 필요하지 않다고 생각한다.
잘 모르겠다	리더십 제도 자체는 필요해 보이지만, 반드시 화랑도처럼 운영해야 하는지는 잘 모르겠다. 다양한 리더십 제도를 더 자세히 알아보고 서로 비교해 본 뒤, 어떤 방식이 더 적절한지 다시 생각해 보려고 한다.
필요하다	화랑도의 리더십 제도는 오늘날에도 필요하다고 생각한다. 화랑도는 체계적인 훈련 시스템을 갖추고 있었고, 젊은 구성원들이 리더십을 발휘할 수 있는 환경을 만들어 주었다. 이런 제도가 현대 사회에도 도입된다면, 미래의 리더를 기르는 데 도움이 될 것이라고 생각한다.

8월 근대 ①_ 일본의 침략과 광복을 향한 노력

01 사건 탐구_ 1930년대의 독립운동

127쪽

개념 이해 1. 광복 2. ① X, ② O

3. 내가 만약 일제 강점기에 살았다면, 하루하루가 너무 무서웠을 것 같다. 학교에 가도 선생님들이 칼을 차고 다녔고, 한국어 대신 일본어를 강제로 배워야 했으며, 끌려가 억지로 일을 해야 했을 삶을 떠올리면 너무 무섭고 끔찍하다. 그래서 누군가 일본인을 몰아내고 우리나라가 독립하기를 간절히 바랐을 것 같다. 이렇게 생각해 보니, 우리를 위해 희생한 독립

운동가들이 얼마나 큰 용기를 내었는지 새삼 느껴져 감사한 마음이 더 깊어진다.

128쪽

생각 톡톡 독립운동가, 이토 히로부미

논리적 글쓰기

만약 나라면 물리적인 독립운동을 할 것이다. 왜냐하면 아무리 평화적인 방법을 쓰려고 해도, 일본은 이미 사람들을 강제로 끌고 가 전쟁에 이용하며 우리 민족을 심하게 괴롭혔기 때문이다. 이런 상황에서는 하루라도 빨리 독립을 이루기 위해 직접적인 저항과 무장 투쟁이 필요하다고 생각한다.

만약 나라면 평화적인 독립운동을 할 것이다. 왜냐하면 일본이 우리나라를 억지로 식민 지배하며 많은 나쁜 일을 했다고 해도, 우리까지 똑같은 방식으로 대응할 필요는 없다고 생각한다. 독립은 반드시 이루어낼 목표이기 때문에, 시간이 조금 더 걸리더라도 사람들의 희생을 최소화하며 평화로운 방법으로 독립을 이루는 것이 더 중요하다고 생각한다.

02 국가유산 탐구_ 서대문 형무소 역사관

131쪽

개념 이해 1 서대문 형무소, 독립운동가 2. ① O, ② X
3. 재민, 시은

132쪽

생각 톡톡 서대문 형무소, 서대문 형무소

논리적 글쓰기

찬성/반대	이유
찬성	역사적 아픔이 담긴 장소는 철거하지 않고 보존해야 한다. 비록 그 장소가 슬픈 기억을 떠올리게 하더라도, 같은 비극이 반복되지 않도록 후손들이 반드시 기억하고 배워야 하기 때문이다. 이러한 장소를 보존하면 중요한 교육 자료가 되고, 동시에 소중한 역사 유물로서 우리에게 교훈을 전해 줄 수 있다.
반대	역사적 아픔이 있는 장소는 철거해야 한다고 생각한다. 아무리 역사적 사실이 중요하더라도, 그 시기에 피해를 입었던 사람들과 가족들은 여전히 깊은 상처와 고통 속에서 살아가고 있다. 그런 만큼 아픈 기억을 떠올리게 하는 장소가 남아 있는 것은 그들에게 또 다른 고통이 될 수 있다. 따라서 피해자들의 마음을 먼저 생각한다면, 이러한 장소는 철거하는 것이 바람직하다고 본다.

03 타임머신_ 내 가족이 안중근이라면?

135쪽

개념 이해 ① 블라디보스토크, ② 동의단지회, ③ 이토 히로부미

2. 3 · 1 운동에 참여했을 때

3 · 1 운동에 참여한 사람들은 대한 독립을 위해 만세를 외치며 결의를 다졌던 이들이었다. 만약 나라면 나도 그들과 함께 3 · 1 운동에 참여했을 것 같다. 많은 국민이 독립의 뜻을 잘 모른다면 더 널리 알려야 하고, 우리가 독립을 간절히 바라고 있다는 사실을 모두가 함께 외쳐야 더 큰 힘이 생기기 때문이다.

3 · 1 운동에 참여하지 않았을 때

나는 3 · 1 운동이 일어났을 때 참여하지 않았을 것 같다. 독립을 위한 중요한 움직임이었지만, 그 과정에서 많은 사람이 잡혀가거나 목숨을 잃었다. 나라를 위한 행동도 중요하지만, 무엇보다 사람의 생명이 더 소중하다고 생각하기 때문이다. 그래서 독립의 뜻에는 공감하지만, 위험이 너무 큰 3 · 1 운동에 직접 참여하지는 않았을 것 같다.

136쪽

생각 톡톡 안중근, 가족

논리적 글쓰기

안중근 의사는 나라를 위해 목숨까지 바친 매우 용감한 분이다. 우리는 일상 속에서 그 마음을 조금씩 배울 수 있다. 예를 들어 친구가 괴롭힘을 당할 때 "그만해!"라고 용기 있게 말하는 것, 교실 청소에서 힘든 일을 먼저 나서서 하는 것처럼 작은 행동도 모두 희생 정신을 실천하는 것이다. 또 학교나 동네에서 쓰레기를 주워 깨끗하게 만들거나, 도움이 필요한 친구를 돕는 것도 모두를 위한 배려이자 용기 있는 행동이다. 이렇게 작은 실천을 계속한다면 우리도 점점 더 큰 용기를 가진 사람으로 자라날 수 있을 것이다.

137쪽

내가 토론왕

좋은 점(P)	· 가족이 나라를 위해 희생한 것을 자랑스럽게 느낄 것 같다. · 독립을 위해 용감하게 행동했다는 점에서 후손으로서 긍지를 가질 수 있다. · 나라를 지킨 영웅이라는 평가를 받으며 다른 사람들에게 존경받을 수 있다.
아쉬운 점(M)	· 가족이 위험한 일을 하게 되어 생명을 잃을 수 있다는 두려움이 생길 것 같다. · 한 집안 사람을 잃는 슬픔과 고통이 매우 클 것 같다. · 독립운동가의 가족이라는 이유로 일제의 감시나 차별을 받을 수 있다.
흥미로운 점 혹은 대안(I)	· 가족이 독립운동가라면 나는 어떤 선택을 했을지 스스로 고민해 보게 된다. · 한 사람의 용기 있는 행동이 나라의 역사를 바꿀 수 있다는 점이 흥미롭다. · 가족의 선택이 나와 후손들의 삶에 어떤 영향을 미쳤을지 상상해 보는 것도 의미 있다.

9월 백제_ 찬란한 문화를 꽃피운 나라, 백제

01 사건 탐구_ 백제 부흥 운동

143쪽

개념 이해 1. 백제 부흥 운동 2. ① O, ② O

3. 만약 내가 백제의 마지막 사람이었다면, 무너져 가는 나라를 바라보며

매우 속상했을 것 같다. 백제가 부흥 운동을 통해 다시 일어서려 했지만 계속 실패하고 여러 문제가 반복되는 모습을 보며 점점 희망을 잃어 갔을 것이다. 끝까지 나라가 다시 서기를 바랐지만 이루지 못한 현실 때문에 아쉽고 슬픈 마음이 깊게 남았을 것 같다.

144쪽

생각 톡톡 부흥 운동, 백제

논리적 글쓰기

나는 백제 부흥 운동이 용기 있는 일이었다고 생각한다. 왜냐하면 자신이 살던 나라가 사라지려는 상황에서 아무런 행동도 하지 않는 것보다, 실패하더라도 끝까지 지켜내려 한 모습이 더욱 의미 있다고 느껴지기 때문이다. 무언가를 지키기 위해서는 큰 용기와 희생이 필요한데, 백제 부흥 운동은 바로 그런 마음을 행동으로 보여 준 사례라고 생각한다.

백제 부흥 운동은 무모한 시도였다고 생각한다. 왜냐하면 백제를 다시 살리기 위한 노력은 의미 있었지만, 부흥 운동을 이끈 세력들끼리 의견이 맞지 않았고, 신라와 당나라의 연합군과 싸워야 하는 상황에서 내부 갈등까지 발생했다. 이렇게 준비가 부족하고 서로 협력도 이루어지지 않은 상태에서는 성공하기 어려웠기 때문에, 백제 부흥 운동은 현실적으로 무모한 시도였다고 생각한다.

쉬어 가기

백제가 부흥하기 위해선 웅진도독부를 없애야 합니다! / 다른 나라의 도움이 필요합니다!

02 국가유산 탐구_ 풍납토성과 무령왕릉

147쪽

개념 이해 1. 풍납토성 2. ① O, ② X

3. 귀중한 유물을 제대로 발굴하지 못해 역사적 가치를 충분히 기록으로 보존하지 못했기 때문이라고 생각한다.

148쪽

생각 톡톡 무령왕릉

논리적 글쓰기

찬성/반대	이유
찬성	아파트도 중요하지만, 문화재는 한 번 훼손되면 다시 되돌릴 수 없는 소중한 유산이다. 과거를 알려 주는 자료이자, 후손들에게 역사를 전해 줄 중요한 근거가 되기 때문이다. 아파트는 다른 곳에도 지을 수 있지만, 문화재는 그 자리에서만 발견되는 경우가 많다. 그래서 시간이 조금 더 걸리더라도 문화재를 먼저 발굴해 보존하는 것이 더 중요하다고 생각한다.
반대	문화재가 발견되었더라도 무조건 발굴을 우선해야 하는 것은 아니라고 생각한다. 이미 많은 사람들이 아파트 입주를 기다리고 있고, 주거 문제도 매우 중요하기 때문이다. 문화재를 발굴하는 동안 공사가 중단되면 경제적 손실도 커지고 주민들의 불편도 늘어난다. 꼭 필요한 경우가 아니라면, 아파트 건설을 우선하고 문화재는 보존 가능한 범위에서 최소한으로 조사하는 것이 더 현실적이라고 생각한다.

03 타임머신_ 의자왕이 당나라와 사이가 좋았다면?

151쪽

개념 이해 1. 의자왕 2. ① O ② X

3. 백제가 멸망한 이유는 여러 문제가 한꺼번에 겹쳤기 때문이라고 생각한다. 우선 왕과 신하들 사이의 갈등이 심해 나라의 힘이 약해졌고, 백제 내부에서도 의견이 잘 모이지 않았다. 또한 신라가 당나라와 손을 잡고 강한 연합군을 이루어 공격해 오자 백제는 더 이상 막아내기 어려웠다. 나라 안의 분열과 외부의 강한 압박이 함께 작용하면서 결국 백제는 멸망하게 된 것이라고 생각한다.

152쪽

생각 톡톡 백제

논리적 글쓰기

만약 내가 백제 시대의 왕이었다면, 문화 교역 업적을 남기고 싶다. 왜냐하면 백제는 예술과 문화가 매우 뛰어났기 때문에 이를 다른 나라에도 널리 전파하여 백제라는 이름을 정확하고 긍정적으로 알리고 싶기 때문이다. 이렇게 백제의 문화를 세계에 알린다면, 후대의 사람들도 백제 문화가 얼마나 위대하고 소중했는지 더 잘 이해할 수 있을 것이라고 생각한다.

153쪽

내가 토론왕

1.

성왕	위덕왕	혜왕
사비로 도읍을 옮겼다.	불교 문화를 전파했다.	왕권 강화에 힘썼다.

법왕	무왕	의자왕
법을 제정하려고 했다.	미륵사를 건축했다.	왕권 강화를 위해 힘썼다.

2. 여섯 명의 왕 중 가장 위대한 업적을 이룬 왕은 성왕이라고 생각한다. 왜냐하면 성왕은 도읍을 사비로 옮겨 농사와 교역이 활발해질 수 있는 기반을 마련했고, 왕권도 강화하여 나라의 기틀을 다시 세웠다. 이러한 변화 덕분에 백제는 한동안 안정과 번영을 이루었고, 성왕의 업적은 백제를 다시 강한 나라로 만드는 데 큰 역할을 했다고 여겨진다.

10월 근대 ②_ 한글을 지킨 사람들

01 사건 탐구_ 조선어 학회

159쪽

개념 이해 1. 조선어 학회 2. ①–Ⓒ, ②–Ⓑ, ③–Ⓐ

3.

우리말	의미
가온길	정직하고 바른 가운데

160쪽

생각 톡톡 국어사전, 창씨개명

심화 탐구 류정환의 일기

1942년 8월 2일

오늘도 학회원들과 함께 사전 편찬 작업을 이어갔다. 일제의 감시는 날이 갈수록 심해지고, 언제 들이닥칠지 모른다는 생각에 두렵기도 하다. 그러나 멈출 수 없다. 우리의 말과 글을 지키는 일이야말로 지금 내가 살아가는 이유이기 때문이다. 아이들이 일본어만 배우고 자란다면, 머지않아 이 땅에서 우리말이 사라질지도 모른다. 사전은 단순한 책이 아니라 우리 겨레의 숨결을 담은 그릇이다. 오늘도 동지들과 밤늦도록 등을 맞대고 원고를 지켜냈다. 언젠가 자유로운 날이 오면, 이 사전이 반드시 빛을 보리라고 믿는다.

161쪽

논리적 글쓰기

찬성/반대	이유
찬성	우리말이 사라지면, 우리 역사와 문화도 함께 잊힐 수 있다. 일제 강점기 때 일본어 사용을 강요한 것도 우리말을 금지해 민족을 말살하려는 의도였다. 언어를 잃는다는 것은 단순히 말을 못하게 되는 것이 아니라, 조상들의 삶과 지혜, 그리고 우리의 뿌리를 잊게 되는 일이다. 그래서 우리말을 지키는 일은 매우 중요하다.
반대	나라를 지키는 데에는 말과 글뿐만 아니라 여러 요소가 함께 작용해야 한다. 언어가 사라진다 해도 민족의 정신과 문화는 다른 방식으로 이어질 수 있다. 실제로 해외의 이민 공동체를 보면, 현지 언어를 사용하더라도 서로의 전통과 문화를 지키며 민족적 정체성을 유지하고 있다. 이런 사례를 통해 언어 외에도 문화를 이어 가는 다양한 힘이 존재함을 알 수 있다.

쉬어 가기

1. 말모이 → 이사 → 사각형 → 형제
2. 편찬 → 찬성 → 성화 → 화면

02 국가유산 탐구_ 훈민정음 해례본

163쪽

개념 이해 1. 해례본 2. ① X, ② O

3. 훈민정음 서문을 소리 내어 읽어 보니, 세종 대왕이 왜 새로운 글자를 만들었는지 더욱 잘 느껴졌다. 당시에는 한자만 사용해야 해서 백성들이 자신의 마음을 글로 표현하기가 매우 어려웠다. 세종 대왕은 이런 백성들의 고통을 안타깝게 여기시고, 누구나 쉽게 배우고 쓸 수 있는 글자를 만들었다고 하셨다. 한글 창제에 담긴 따뜻한 마음이 깊이 전해졌다.

164쪽

생각 톡톡 한글, 한자

논리적 글쓰기

찬성/반대	이유
찬성	한글이 없었다면 우리말을 온전히 기록하지 못했을 것이다. 특히 노래, 속담, 옛이야기처럼 생활 속에서 이어져 온 문화는 자취를 잃었을 가능성이 크다. 하지만 한글이 만들어진 덕분에 우리 민족의 고유한 언어와 문화가 사라지지 않고 지금까지 전해질 수 있었다.
반대	조선 사회는 오랫동안 한자 문화권에 속해 있었고, 학문과 정치 역시 한자로 기록되었다. 이런 상황에서 새 문자를 만든다면 양반층과 학자들의 반발을 불러올 수 있으며, 오랜 기간 유지되어 온 기존의 사회 질서가 흔들릴 가능성도 있었다.

03 타임머신_ 만약 한글이 없었다면?

167쪽

개념 이해 1. 한글 2. ① X, ② O 3. 민호, 시은

168쪽

생각 톡톡 찌아찌아족, 언어

논리적 글쓰기

찬성/반대	이유
찬성	한글은 발음과 글자가 거의 1:1로 대응해 구조가 단순하고 배우기 쉬워, 문자가 없는 언어를 기록하는 데 매우 효과적이다. 또한 한글을 통해 한국의 문자와 문화를 세계에 알릴 수 있어 국제적인 문화 교류에도 긍정적인 영향을 준다.
반대	특정 나라의 문자를 다른 민족에게 전파하는 일은 자칫 '문화적 간섭'으로 보일 수 있다. 현지 사람들이 스스로 선택한 것이 아니라면 오히려 반감을 일으킬 가능성도 있다. 따라서 문자를 공유하는 과정에서는 상대 문화에 대한 존중과 자율성이 무엇보다 중요하다.

169쪽

내가 토론왕

내가 고른 스캠퍼 질문	질문에 대한 생각과 이유
R(재정리하기) 알파벳처럼 나열식으로 쓰면 어떨까?	지금은 '가'를 쓸 때 ㄱ과 ㅏ를 합쳐 하나의 글자로 만든다. 그런데 만약 나열식으로 쓴다면 "ㄱㅏ"처럼 글자를 옆으로 늘어놓게 된다. 이렇게 쓰면 한글을 처음 배우는 외국인에게 구조가 더 단순하고 직관적으로 보일 수 있으며, 소리 나는 대로 쉽게 적을 수 있다. 하지만 단점도 있다. 글자가 길어져 문장이 복잡해 보이고, 쓰는 속도도 느려질 수 있다. 예를 들어 "학교"를 "ㅎㅏㄱㄱㅛ"처럼 적어야 하니 글자 수가 훨씬 늘어난다. 그럼에도 불구하고 나열식 표기는 한글의 원리를 단순하게 이해하는 데 도움을 줄 수 있다.

11월 발해_ 고구려를 잇는 해동성국

01 사건 탐구_ 고구려 정신을 계승한 나라, 발해

175쪽

개념 이해 1. 발해, 고구려

2.

	장점	단점
나의 생각	옛날 나라의 문화를 이어받으면 백성들이 낯설지 않아 더 큰 안정감을 느낄 수 있다. 또한 모든 것을 처음부터 새로 만들 필요가 없다는 점에서 많은 시간과 노력을 아낄 수 있어 큰 장점이 된다.	예전의 문화를 그대로 따르다 보면 새로운 변화를 받아들이기 어려울 수 있다. 또한 여러 민족이 함께 살아가는 나라에서 특정 문화, 특히 고구려 계승만을 강조하면 서로 간의 갈등이 생겨 분쟁으로 이어질 가능성도 있다.

176쪽

생각 톡톡 고구려

심화 탐구 대조영

177쪽

논리적 글쓰기

토론자	주장과 이유
(말갈족)의 입장에서	말갈족 고구려의 정신과 문화를 계승하는 것을 반대합니다. 나라의 대부분이 말갈족이고 새 나라가 세워졌으니, 새로운 정신과 문화를 만들어야 합니다.
(고구려 백성)의 입장에서	고구려의 정신과 문화를 계승하는 것에 찬성합니다. 만약 새 나라에서 전혀 다른 문화를 세운다면, 백성들은 낯설고 혼란스러워할 것입니다. "우리는 고구려 사람이다"라는 생각은 백성들의 마음을 하나로 모을 수 있습니다.

쉬어 가기

발	해	동	기	금	목
토	동	마	모	동	말
용	성	마	령	산	갈
사	국	천	종	술	족
대	치	갈	대	조	영
암	가	고	구	려	포
염	소	산	영	동	산

02 국가유산 탐구_ 발해의 비밀을 밝힌 두 공주의 무덤

179쪽

개념 이해 1. 정혜 공주, 정효 공주 (순서 상관 없음) 2. X, ② O

3. 정효 공주 무덤. 무덤 속 벽화를 통해 당시 사람들의 생활 모습을 자세히 살펴볼 수 있었기 때문이다. 특히 여성들 사이에서 남장 차림이 유행했다는 점이 새롭고 흥미롭게 느껴졌다.

180쪽

생각 톡톡 발해, 문화

논리적 글쓰기

퓨전 음식! 예를 들어 김치 햄버거를 들 수 있다. 햄버거는 서양에서 들어온 음식이지만, 여기에 한국의 전통 음식인 김치를 더하면 전혀 새로운 맛이 만들어진다. 기존의 음식에 다른 문화의 재료가 합쳐져 색다른 매력을 느낄 수 있는 것이 바로 퓨전 음식이다.

03 타임머신_ 발해의 부활을 꿈꿔요!

183쪽

개념 이해 1. 거란 2. 아현, 시은

3. 만약 내가 그 당시 발해 사람이라면, 거란의 침입으로 나라가 큰 위기에 빠졌을 때 무섭기도 했겠지만 나라를 지키기 위해 내가 할 수 있는 일을 찾았을 것이다. 먼저 가족과 주변 사람들의 안전을 살피고, 마을 사람들과 함께 성을 지키거나 물자를 나르는 등 작은 일이라도 힘을 보탰을 것 같다. 또한 나라의 소식을 서로 나누어 거짓 정보에 흔들리지 않도록 주변 사람들을 도왔을 것이다. 나라가 어려울수록 모두가 힘을 모아야 하듯, 나 역시 발해를 지키기 위해 최선을 다했을 것이라고 생각한다.

184쪽

생각 톡톡 발해 부흥 운동, 통일

논리적 글쓰기

우리나라는 발해와 한반도의 여러 나라가 하나로 합쳐져 이루어진 통일 한국이다. 발해는 고구려를 계승해 만주와 연해주까지 넓은 영토를 지켰고, 부흥 운동에 성공해 나라를 이어 갔다. 그 결과 오늘날 한국은 한반도뿐 아니라 만주와 연해주 지역까지 아우르는 광대한 국토를 가진 나라가 되었다.

한국은 다양한 자연환경 속에서 풍부한 자원과 문화를 발전시켜 왔다. 남쪽의 온화한 기후에서는 벼농사가 발달하고, 북쪽 만주에서는 밀과 옥수수가 재배되며, 연해주 연안에서는 해산물이 풍부하게 생산된다. 이러한 자원 덕분에 한국은 오래전부터 자급자족이 가능한 강국으로 자리 잡았다.

문화 또한 매우 독창적이다. 고구려의 웅장한 기상, 발해의 국제적 성격, 신라와 백제의 예술 전통이 조화롭게 어우러져 다채로운 문화를 이루었다. 오늘날 한국 사회에서는 전통 한복과 발해식 복식, 다양한 민족이 어울린 음악과 춤이 함께 전해지고 있다.
무엇보다 한국은 오랜 세월 분열되지 않고 하나의 나라로 이어져 왔다는 점이 크다. 덕분에 동아시아의 중심 국가로 성장했고, 세계에서도 강력한 영향력을 가진 나라가 되었다. 한국인들은 자신을 '고구려와 발해의 후예'라 자부하며, 그 역사와 문화를 세계에 널리 알리고 있다.

185쪽

내가 토론왕

	발해는 거란의 공격을 받아 결국 멸망하고 말았다. 발해 사람들은 나라를 다시 세우기 위해 여러 번 노력했지만, 힘이 부족해 끝내 성공하지 못했다.
	발해 부흥 운동 이야기를 들으니 마음이 안타까웠다. 하지만 어려운 상황에서도 나라를 되찾기 위해 끝까지 노력한 발해 사람들의 용기가 정말 멋지다고 느껴졌다.
	거란의 힘이 너무 강한 데다 발해 사람들도 여러 지역으로 흩어져 있어 하나로 힘을 모으기 어려웠다. 이런 상황 때문에 발해의 부흥 운동은 결국 성공하기 힘들었다.
	비록 부흥 운동은 실패했지만, 발해 사람들이 끝까지 포기하지 않고 나라를 되찾으려 노력한 점은 매우 훌륭하다. 이런 의지와 노력 덕분에 후손들도 발해의 정신을 오래도록 기억하게 되었다.
	만약 발해 사람들이 고려와 힘을 합쳤다면 거란에 더 효과적으로 맞서 싸울 수 있었을 것이다. 다른 나라와 동맹을 맺어 함께 거란을 막아냈다면, 역사도 지금과는 달라졌을지 모른다.
	결국 발해 부흥 운동은 실패로 끝났다. 그러나 발해 사람들의 노력은 후손들에게 큰 교훈을 남겼다. 나라를 잃는 상황에서도 정체성과 마음만큼은 잃지 않는 것이 얼마나 중요한지를 알려 주었기 때문이다.

12월 고구려_ 동북아시아를 호령한 고구려

01 사건 탐구_ 고구려의 영토 확장

191쪽

개념 이해 1. 양만춘, 당 2. ③

3. 오랜 전쟁 끝에 마침내 우리가 승리를 거두었다. 몸은 지치고 상처도 났지만 마음만은 뿌듯하고 벅차다. 함께 싸워 준 동료들이 정말 자랑스럽고, 이번 승리 덕분에 우리 후손들이 더 평화롭게 살 수 있을 것 같아 기쁨이 크다.

192쪽

생각 톡톡 고구려

논리적 글쓰기

장군 이름: 을지문덕

가장 인상 깊은 이유: 을지문덕 장군은 수나라의 수십만 대군을 물리친 뛰어난 지략가다. 싸움에서 이기기 위해 무조건 힘만 쓰는 것이 아니라, 적을 유인하고 혼란에 빠뜨리는 지혜로운 전략으로 나라를 지켰다. 그래서 가장 인상 깊었다.

장군 이름: 양만춘

가장 인상 깊은 이유: 양만춘 장군은 안시성 전투에서 끝까지 성을 지켜낸 용기 있는 장군이다. 수나라의 거대한 군대가 오랫동안 공격했지만 그는 굴하지 않고 버텨냈다. 나라를 위해 목숨을 걸고 싸운 용기와 의지가 매우 존경스럽다.

193쪽

쉬어 가기

02 국가유산 탐구_ 고구려 왕릉의 비밀

195쪽

개념 이해 1. 국내성 2. ① X, ② O

3. 무용총 벽화의 춤추는 모습을 보면, 고구려 사람들이 활발하고 역동적인 생활 문화를 지녔음을 알 수 있다. 벽화 속 인물들은 힘차고 자연스러운 동작으로 춤을 추고 있어 당시 예술 수준이 매우 높았다는 것을 보여 준다. 또한 이런 벽화를 무덤 안에 그린 것을 보면, 고구려가 사후 세계를 중요하게 여기며 장례 문화를 발전시킨 민족이었다는 사실도 알 수 있다.
무용총 벽화를 보면 고구려 사람들이 활발하게 활동하며 힘차고 역동적인 생활 문화를 가지고 있었다는 것을 알 수 있다. 벽화 속 인물들은 춤을 추고 있다. 이를 통해 고구려가 강한 군사력과 활동적인 기마 문화를 가진 민족이었다는 사실을 알 수 있다. 또한 벽화를 무덤 안에 그린 것으로 보아 고구려에는 예술 수준이 높고, 사후 세계를 존중하는 장례 문화가 있었다는 것도 알 수 있다.

196쪽

생각 톡톡 광개토대왕비, 중국

논리적 글쓰기

해외에 있는 국가 유산에도 더 많은 관심을 가지고 공부해야 한다. 그 유산이 얼마나 소중하고 역사적 가치가 있는지 이해하고, 이를 널리 알리는 일도 중요하다. 또한 국가 간 전문가들이 협력하여 안전하게 복원할 수 있는 기술을 연구하고 발전시키는 노력도 필요하다.

197쪽

쉬어 가기

03 타임머신_ 연개소문을 만난다면?

199쪽

개념 이해 1 ①–Ⓑ, ②–Ⓐ, ③–Ⓒ

3. 당나라와 친하게 지내자고? 말도 안 된다! 당나라는 틈만 나면 우리를 노리고 있다. 그들에게 방심하고 등을 보인다면 언젠가는 반드시 우리 땅을 빼앗으려 들 것이다. 우리는 스스로 강해져야 한다. 성을 더욱 튼튼히 쌓고 군사를 철저히 단련해 당나라가 감히 넘볼 수 없게 해야 한다. 이것이 바로 고구려의 기개와 힘을 보여 주는 길이다.

200쪽

생각 톡톡 연개소문, 영류왕, 안시성

논리적 글쓰기

찬성/반대	이유
찬성	당시 고구려는 당나라의 압박으로 국력이 약해지고 있었고, 왕은 강하게 대응하지 못했다. 나라가 무너질 위기에 처하자 연개소문은 스스로 나서 군사와 정치를 장악하며 고구려를 지키려 했다. 그 결과 안시성 전투에서 당나라의 공격을 막아내어 고구려의 위엄을 다시 세웠다. 이런 점을 볼 때, 그의 행동은 나라를 지키기 위한 선택이었다고 생각한다.
반대	아무리 나라를 위한 행동이라 해도, 임금을 죽이고 권력을 빼앗은 것은 분명 잘못이다. 그 사건 이후 고구려 내부에서는 정치가 크게 혼란스러워졌고, 왕권과 귀족 사이의 갈등도 더욱 깊어졌다. 내부가 약해지자 결국 외부의 공격을 버티지 못하고 멸망으로 이어졌다. 이런 점을 볼 때, 연개소문의 행동은 나라를 지킨 것이 아니라 오히려 더 큰 위기를 만든 것이라고 생각한다.

201쪽

내가 토론왕

해당 온도와 함께 나의 생각을 써 보세요.	
5도	허수아비 왕을 세웠으니 연개소문이 거의 왕이 된 것이나 다름없는데, 결국 고구려가 멸망했잖아요. 가족 내 권력 다툼과 귀족들의 불만이 너무 심했고요. 연개소문이 왕이 되는 건 말도 안 되는 일이라고 생각해요.
40도	연개소문이 왕이 되었다면 도움이 될 수도 있지만 위험도 컸을 것이라고 생각해요. 그는 나라를 지킬 힘과 지혜가 있었지만, 왕이 되면 귀족들과 더 큰 갈등이 일어났을 거예요. 왕이 아니라 권력자로 남았기 때문에 그래도 나라가 어느 정도 유지되었는데, 만약 왕이 되었다면 내부 싸움이 더 심해져서 오히려 나라가 빨리 무너질 수도 있었다고 생각해요.